本书受国家社会科学基金"全国教育科学'十一五'规划"2010年度教育学青年课题"高校教育服务学生满意度调查研究"（CIA100160）资助

王灯山 著

北京高校教育服务
学生满意度调查研究

中国社会科学出版社

图书在版编目（CIP）数据

北京高校教育服务学生满意度调查研究/王灯山著. —北京：
中国社会科学出版社，2015.7
ISBN 978 - 7 - 5161 - 6508 - 9

Ⅰ. ①北… Ⅱ. ①王… Ⅲ. ①高等学校—学校管理—调查
研究—中国 Ⅳ. ①G647

中国版本图书馆 CIP 数据核字（2015）第 147532 号

出 版 人	赵剑英
责任编辑	刘晓红
特约编辑	陆慧萍
责任校对	周晓东
责任印制	戴　宽

出　　版	中国社会科学出版社
社　　址	北京鼓楼西大街甲 158 号
邮　　编	100720
网　　址	http://www.csspw.cn
发 行 部	010 - 84083685
门 市 部	010 - 84029450
经　　销	新华书店及其他书店

印刷装订	三河市君旺印务有限公司
版　　次	2015 年 7 月第 1 版
印　　次	2015 年 7 月第 1 次印刷

开　　本	710×1000　1/16
印　　张	12.25
插　　页	2
字　　数	209 千字
定　　价	46.00 元

前　言

　　本书是在国家社会科学基金"全国教育科学'十一五'规划"2010年度教育学青年课题《高校教育服务学生满意度调查研究》（CIA100160）的研究报告基础上完成的。该课题研究历时 5 年，调查了北京地区 16 所高等院校的在校学生，从各个角度分析了学生对高校教育服务的满意程度。

　　自 20 世纪末开始，基于解决经济和就业问题的考虑，全国各高校大规模扩招，导致教学资源日益紧张，高等教育质量问题也接踵而来。近年来，虽然教育部明确规定"今后公办普通高校本科招生规模将保持相对稳定"，但高校总体招生规模仍然很大，高校教育质量优劣仍然是人们所关注的热点社会问题之一。因此，研究学生对高校教育服务质量的满意程度，提出提高学生满意度的改进策略，对于增强高校的核心竞争力、促进高校长远发展有着重要的现实意义和战略价值。北京高校众多，学科门类齐全，且生源来自全国各地，因而本书以北京高校学生作为调查样本具有极大的代表性。

　　课题组于 2012 年 4 月发放了调查问卷，分析影响学生对北京高校教育服务满意度的 52 种因素，调查对象为北京 16 所高等院校的在校生。样本来自"985"工程院校、非"985"的"211"院校、部属非"211"院校及地属非"211"本科院校，涉及哲学、历史、心理、法律、管理、经济、农业、林业、语言文化艺术、化学工程、建筑土木工程、电子电气、计算机、通信、数学和物理等专业。本书采用分层随机抽样的方法，共发放问卷 2200 份，回收问卷 2053 份，回收率为 93.32%。删除掉无效问卷后，有效问卷 1566 份，有效回收率 71.18%。

　　在调查问卷的基础上，本书分析了北京高校教育服务学生满意度受年级、性别、生源地、家庭收入和父母受教育程度五方面人口统计特征的影响；建立结构方程模型研究北京高校教育服务学生满意度的评价情况，分析了影响学生对高校教育服务满意度的影响因子，并实证分析了北京 11 所高校的因素改进指数，给出了每所高校的优势项目和劣势项目；基于 Probit 模型和计量分析方法探讨了学生满意度与高校教育服务之间的相关性，指出学生满意度与学生个人情况的差异关系不大，学校应该将关注点放在发展自身硬实力和软实力上，以提高学生对高校教育服务的满意度；基于熵权法的物元模型，构建了高校教育服务综合满意度测评体系，并选取了北京大学、北京化工大学和中国政法大学 3 所代表性的综合、工科、文科高校的数据作为研究对象，在调研样本的基础上进行了定量化评价分析。最后，本书从宏观和微观两个角度提出了提高学生满意度的改进策略和政策建议。

本书将高校教育服务作为高校的产品，直接受教育的学生视为顾客主体。在充分借鉴顾客满意度研究成果的基础上，将顾客满意度理论应用于学生满意度的测评中；在大量问卷调研及数据分析的基础上构建学生满意度的计量测评模型，并基于测评结果提出高校教育服务质量学生满意度的改进策略。本书是对高校教育质量评价的一种探索，也是顾客满意度理论在公共事业这种非制造行业的发展。从实践角度，本书将针对高校合理利用资源，提高高校教育服务质量，增强自身的竞争力，更好地满足学生的需求，提高人才培养质量提出理论依据和科学参考。

在本书写作过程中，不少同志提出了许多改进意见，如王妍、高义龙、李倩楠、刘炳男、杜照祺、何聿爵、付瑶、吴继华、王雯、罗文博、郭超、姜涛、倪纬纬、董芳雨、侯亮亮、崔琨、陈实和曾勇等。特别是刘晓红老师仔细地校订了原稿，作者谨对他们致以深切的谢意。由于作者水平有限，本书内容难免有不妥甚至错误之处，欢迎读者提出宝贵的意见和建议。

目　录

第一章　绪论 ……………………………………………………… 1

　　第一节　研究背景及意义 ………………………………………… 1
　　第二节　研究思路与方法 ………………………………………… 8
　　第三节　研究内容与结构安排 ………………………………… 10

第二章　高校教育服务学生满意度评价现状 ……………………… 13

　　第一节　国外高校教育服务学生满意度评价现状 …………… 13
　　第二节　我国高校教育服务学生满意度评价的发展历程 …… 16
　　第三节　高校教育服务学生满意度评价现有研究总结 ……… 20

第三章　高校教育服务学生满意度评价的理论基础 …………… 31

　　第一节　公共服务理论 …………………………………………… 31
　　第二节　顾客满意度理论 ………………………………………… 34
　　第三节　高校教育服务质量理论 ……………………………… 37

第四章　高校教育服务学生满意度评价指标体系 ……………… 42

　　第一节　典型顾客满意度指数 ………………………………… 42
　　第二节　SSI 指标体系 …………………………………………… 50
　　第三节　CSSI 指标体系 ………………………………………… 56

第五章　高校教育服务学生满意度评价模型 …………………… 59

　　第一节　统计分析方法 …………………………………………… 59
　　第二节　计量经济学方法 ………………………………………… 62

第三节 系统工程模型 ………………………………………… 71

第四节 常用软件介绍 ………………………………………… 81

第六章 北京高校教育服务学生满意度调研及样本分析 ……… 85

第一节 预调研及调整情况介绍 ……………………………… 85

第二节 样本分布统计特征分析 ……………………………… 87

第三节 学生满意度受人口统计特征的影响分析 …………… 90

第四节 高校教育服务学生满意度评价指标体系的选择……… 100

第七章 北京高校教育服务学生满意度评价
　　　　——基于结构方程模型的分析………………………… 101

第一节 基于结构方程模型的实证研究设计………………… 101

第二节 结构方程模型的分析过程…………………………… 109

第三节 基于因素改进指数的实证设计与结果……………… 113

第八章 北京高校教育服务学生满意度评价
　　　　——基于 Probit 模型的分析…………………………… 143

第一节 基于 Probit 模型的实证研究设计…………………… 143

第二节 Probit 模型的分析过程 ……………………………… 144

第三节 实证结果分析………………………………………… 149

第四节 结论与政策建议……………………………………… 151

第九章 北京高校教育服务学生满意度评价
　　　　——基于物元模型的分析………………………………… 153

第一节 基于熵权法的物元模型的实证研究设计…………… 153

第二节 物元模型的分析过程………………………………… 156

第三节 实证结果和政策建议………………………………… 165

第十章 政策建议与研究展望…………………………………… 167

第一节 政策建议……………………………………………… 167

第二节 研究局限性与后续研究展望………………………… 170

附录 1　高校教育服务质量学生满意度调查问卷草稿 ······················ 172

附录 2　高校教育服务质量学生满意度调查问卷 ·························· 175

参考文献 ·· 178

第一章 绪论

本章首先阐述了本书的研究背景，分析了我国高等教育服务质量评价体系存在的问题，确定本书的研究意义；接着介绍研究思路与方法；最后提出本书的主要内容和结构安排。

第一节 研究背景及意义

一 我国传统高等教育理念面临的挑战

自 1999 年开始，基于解决经济和就业问题的考虑，全国各高校大规模扩招，教学资源日益紧张，高等教育质量问题也自然成为人们所关注的热点社会问题之一。与此同时，随着社会主义市场经济体制的建立，高等教育改革也不断深化，高校扩招使得高等教育服务进一步市场化。在此背景下，传统的高等教育理念主要面临以下两个方面的挑战：

（1）高校扩招之后，精英式教育向大众化教育的转变，对传统的教育理念产生了巨大的冲击。自从国务院批准了教育部《面向 21 世纪教育振兴行动计划》（1999 年）扩大高校招生以来，我国高等教育规模迅速扩大，毛入学率逐年攀升：自 1998 年至 2002 年四年间从 9.8% 上升到 15%，比原计划提前八年进入了世界公认的高等教育大众化的门槛；据可靠数据显示，2005 年高校毛入学率进一步增至 21%，以致全国各类高等教育总规模超过 2300 万人，成为世界上高等教育规模最大的国家①，具体见表 1-1。同时，原教育部部长周济在 2005 年亚洲教育北京论坛上表示，我国还将继续推进高等教育大众化，到 2020 年实现高等教育毛入学

① 教育部：《2005 年全国教育事业发展统计公报》，http：//www. moe. edu. cn/edoas/web-site18/info20464. htm. 2007 - 01 - 15。

率达到 40% 的目标。这表明 21 世纪前 20 年是我国高等教育大众化发展
的关键时期。

表 1 - 1　　　　　　　　　我国高等教育在校生数与毛入学率对比

年份	1998	1999	2000	2001	2002	2003	2004	2005
在校生人数(万人)	643.0	742.2	939.9	1214.4	1512.6	1732.9	1835.3	2300*
高等教育毛入学率(%)	9.8	10.5	11	13.3	15	17	19	21

　　资料来源：引自教育部《全国教育事业发展统计公报》（1998—2004 年）；2005 年数据来自
新华网（http://news. xinhuanet. com/edu/2006 - 02/28/content_ 4239415. htm）；* 为该年高等教
育总规模。

　　美国学者马丁·特罗的研究认为，如果以高等教育毛入学率为指标，
则可以将高等教育发展历程分为"精英、大众和普及"三个阶段①。一般
来说，高等教育毛入学率在 15% 以下时属于精英教育阶段，15%—50% 为高
等教育大众化阶段，50% 以上为高等教育普及化阶段。其中三者之间的对比
关系具体如表 1 - 2 所示。而高等教育大众化是一个量与质相互统一的概念。
其中，量的变化主要指的是适龄青年高等学校入学率要达到 15%—50%。质
的变化主要包括教育理念的改变、教育功能的扩大、培养目标和教育模式的
多样化、课程设置、教学方式与方法、入学条件、管理方式以及高等教育与
社会的关系等一系列变化。大众化教育的这种变化可以概括为：①培养目标
由培养英才人物转向培养层次和类型更加多样化的各行各业所需的专门人才；
②教育机构将由单一的精英式教育机构转向精英式和大众型高等机构并存。
这些转变必将对传统教育观念、教育模式、学术方向等产生深远的影响。

表 1 - 2　　　　　　　　　　　高等教育三阶段对比

指标＼阶段	精英（英才）阶段	大众化阶段	普及化阶段
毛入学率	15% 以下	15%—50%	50% 以上
高等教育观	视为少数人的特权	被视为有资格者的权利	被视为一种义务
高等教育功能	培养学术精英与统治阶层	培养广泛的精英，重点是技术英才	为发达工业社会大多数人的生活准备

───────────

　　① 李圆圆：《对中国高等教育大众化的分析》，《剑南文学：经典阅读》2011 年第 8 期。

续表

阶段 指标	精英（英才）阶段	大众化阶段	普及化阶段
教育内容与课程	高度结构化和专门化（必修制、学制）	模块化、半结构化、灵活性、学分制	仍有模块课程、非结构化，课程之间的界限被打破
教学形式与师生关系	重师承关系的导师制、个别指导或讨论教学	师承关系弱化，以课堂讲授为主，辅之以讨论式教学	形式更加多元化，更多地运用现代教育技术和手段
学生的就学方式	中学毕业后直接进大学、住校且连续学习取得学位、辍学率低	多数学生中学毕业后直接入学、入学更容易、水平参差不齐、辍学率较高、住校与走读相结合	延迟入学现象较普遍、辍学者增加、多数学生有就业经历、大部分走读
教育机构的特点与界限	共同标准、高度统一性、相似性	标准多样性、更具综合性	无共同标准、更加多样化
院校规模	校均规模2000—3000人、学术小社会	师生总数达3万—4万人、住读走读相结合的大学城	规模不受限制、教学时间集中、联系松散
领导与决策	少数英才决策	决策程序更民主并受相关利益集团影响	公众及各种利益集团更多地介入决策
学术标准	共同的、较高的标准	标准相对多样化	标准更加多样化
入学选拔原则	选拔性的（以中等学校的成绩或高考成绩来选拔）	准选拔性的（成绩标准加非学术标准）	非选拔性的（对有升学愿望和资格的所有人开放）
学校管理形式	学术人员兼任行政职务、选举或任命制、任期制	主要由专业管理人员承担	高度专业化的管理人员大量出现
学校内部管理	教授治校、元老教授垄断管理	中青年教职员和学生享有一定管理权	广泛的民主参与
高校与社会的分界	界限分明、封闭的大学	界限模糊、开放的大学	界限消失、大学社会一体化

资料来源：百度百科名片：《高等教育大众化》，2010年5月29日。

（2）逐渐形成具有我国特色的高等教育服务市场。随着社会主义经济体制改革、教育改革不断深化，教育服务市场逐渐形成。教育的服务性成为高等教育的一项基本特征，求学者及其家庭对于高等教育服务的评价成为决定高等教育质量评价体系十分重要的因素。高等教育质量同产品质量相比，是一个复杂的概念。产品的质量可通过十分精确的指标来控制，而高等教育服务质量缺乏统一、明确的衡量体系。高等教育服务不能照搬产品质量评价的原理和方法，而必须根据其服务性建立自身的标准和质量评估方法。高等教育的重要产出是高等教育服务，在高等教育大众化过程中，"满足消费者（即学生）的期望和需求"是高等教育未来发展的重要方向。与此同时，高等教育服务质量主要取决于其特定顾客——学生在接受服务过程中的心理感受。

二　我国高等教育服务质量评价体系存在的问题

目前，虽然我国高等教育规模的迅速扩张令人瞩目，但是伴随着量的增长，高等教育质量问题也接踵而至。另外，由于我国高等教育大众化进程并不是一个循序渐进的过程，而是在人为推动下迅速发展的，因此学生人数的迅速扩张，使毫无准备的精英高等教育体系压力剧增，教育质量问题也随之暴露无遗，而且这已引起了学术界、政府官员和民间的共同关注，成为教育热点话题。

在高校面临的宏观形势发生如此深刻变化的背景下，高校必须转变教育理念，高度重视自身服务质量，尤其重点关注学生的满意程度。而我国目前的高等教育服务质量评价体系还存在一些问题[1]，具体表现在[2]：

（1）评价体系的多样化程度不够、可测性差。2003 年至 2007 年间，教育部对全国 592 所本科院校进行评估，所有的被评高校，统一采用《普通高等学校本科教学工作水平评估方案》。这种评价方法只是将过多精力投入在国家所关注的科学研究上，不仅违背了教学评估的宗旨，也影响了教学评估的科学性和公平性，不利于各高校发挥自身地域特色、传统专业特色以及办学目标，办出实用、有特色的高校。好在 2011 年 12 月，教育部办公厅印发了《教育部办公厅关于开展普通高校本科教学工作合格评估的通知》（教高厅〔2011〕2 号），正式拉开了我国新一轮新建本

---

① 杨洋：《新一轮新建本科院校合格评估指标体系（试行）析议》，《高教探索》2014 年第 1 期。

② 洪彩真：《高等教育服务质量与学生满意度研究》，博士学位论文，厦门大学，2007 年。

科院校合格评估的序幕。新一轮本科合格评估指标体系的制定遵循了分类指导的原则，充分考虑了新建本科院校的实际需求和办学特点，重点考察参评院校是否达到国家的基本办学条件和人才培养标准，体现了国家对高等教育进行分类指导的方针，比之前的评估单一化标准有较大改进。但是，笔者认为，新一轮本科合格评估指标体系多样化程度不够、可测性差。教育主管部门应该根据我国国情和高校现状，采用多样化和具有可测性的高校评估体系，使各高校各安其位，才能激发高等教育市场的活力，促进我国高等教育的发展。

（2）忽视了高等教育的基础职能——教学职能。高等教育的三大职能分别是教学职能、科研职能和社会服务职能。其中，教学职能历史悠久，是高等教育存在的基础。但是，我国施行的《普通高等学校本科教学工作水平评估方案》，名为对本科教学进行评估，实则以研究型大学为范本，侧重于高校的科研，即使高职高专也难逃此影响。这对于教学型和技能型的院校来说是一种错误的导向，不利于教育市场的均衡发展，也不利于高校的分类和定位。

（3）缺乏社会各界参与评估。由于人才培养的后效延迟性，对于高校培养人才效果的评估最有发言权的应该是社会，社会接纳高校毕业学生，对于高校评估应该具有知情权、评价权和监督权。目前，我国高等教育服务质量评价体系缺乏社会各界尤其是用人单位的参与。

（4）只采用容易评估和量化的硬件指标，忽视软件指标。我国的高校评估经常是只采用容易评估和量化的硬件指标来进行评分，真正的大学精神所在的软件指标却经常被忽视，这样的评估只会使得高校盲目扩大硬件设施规模而不去加强真正的学校核心竞争力。

（5）忽视核心利益相关者——学生的权利和诉求。这是最重要的一点，也是本书关注的核心话题。高校教育质量评估很少将高校服务的主体——学生纳入评估数据的来源。过于片面和表面的指标和数据无法代替学生对于最熟悉的学校的主观感知，通过了解学生对高校的感知可以得到关于学校教学职能的践行程度以及学校软件的建设状况的最权威的数据，这样的指标才是本书最应该重视的。因此建立一个学生满意度的指标体系和评价方法是至关重要的。优秀的高校的宗旨永远是以学生为中心，学生是高校服务的主体，学生的需求代表了高校将来建设的方向，学生的教育经历是高效服务质量的见证。学生应该被当作高校的权利主体而不是高校行政机关的附属品，因此高校服务质量改革与大学生对于高校服务质量满意度的研究是密不可分的。《21世纪展望与行动世界宣言》第10条指出，"高等院校的师生是主力军"，"应把学生及其需要作为关心的重点，并把他们看作是高等教育改革的主要参与者"。然而在我国高等教育大众化过程中，先天不足主要表现为政府投入不足，学费成为各高校经费的支柱。而成本分担的后果，理应是学生具有更大的话语权。我国评估导向性对学生服务的不足导致学生主体地位的缺失，明显与世界潮流相违背，是一种典型的产品质量观，而不是服务质量观。

作为高等教育最发达的国家——美国，其高等教育评估的每一项标准，学生的认可都作为一项必不可少的内容。为学生服务的宗旨贯穿高等教育服务评估的整个过程。为学生的成长提供优秀教师，帮助学生提供充足的资金并进一步有效使用这些资金更是一个优秀学校的必备条件。这样的评估方法，不断促使学校不断提高自身教学质量，更好地为学生、公众提供满意的服务，使其高等教育远离政治影响，保证高等教育的自身价值，实现其社会职能。

三　本书的目的及意义

本书的主要目的是通过调查问卷获取真实数据，建立可行的高校教育服务满意度评价模型，真实了解当前北京高校学生对学校教育服务的满意程度。为高校提高教育服务水平提供具有参考意义的、可行的标准，使学生满意度成为探讨高校发展的一个重要的指标，并提出相应的意见和政策建议。另外，根据实际问题和实际数据找到影响各高校教育服务质量的主要因素，并且将理论放在实际中形成提高高等教育服务满意度乃至提高整体高等教育服务质量的策略措施。本书提出的高等教育服务满意度评价体系还可以用来评价未来一定阶段内我国高等教育改革和发展的实际效果，检验在不同方面改进高等教育服务的政策措施在实际中应用的效果。

在当前我国，入学人数爆炸式增长，高等教育从精英式向大众化转变的过程中，研究学生对高等教育服务的满意程度具有重要意义：

（1）通过对北京主要高校做的大量的问卷调查和实际数据，应用高等教育服务满意度测评模型，可以找到真正影响高等教育服务满意度的实际因素，为北京市乃至全国高等教育服务质量的评估提供科学有效的方法，推动了高等教育服务质量评估的发展，对高等教育产业的未来有着重要的指导意义。

（2）通过研究，使各高校找到影响学生对自身评价程度高低的因素，帮助高校发掘自身的优势和改正自身不足，转变劣势、发展优势，促进各高校积极有效地提高自身的教育服务水平，共同将我国高等教育产业推向成熟。

（3）本书的研究，对各高校实现较准确的定位起着辅助性的作用，使每个高校的特点更加直观科学地呈现出来，为学生选择适合自身的学校提供合理的参考依据，实现更加有效的双向选择。尤其对于面临选择高校的新生来说，一份有效的服务质量评价报告对他们未来的发展有不可估量的作用。不同学生可以根据自己最看重的指标来选择最适合自己的学校，从而最大限度地契合学生的个性。

（4）通过选取不同的高等教育服务质量评价模型，各高校管理者和政策制定者可以通过检验一定阶段的评价结果对比此阶段内学校的改革和发展情况，可以用于检验一定时期内学校实施政策的有效性，同时也为高校管理者制定措施起到风向标的作用。

（5）北京高校众多并且具有一定的代表性，全国其他地区高校可以拿北京高校现状与自身对比，提高自己学校的核心竞争力。另外，北京各高校也可以依照评价模型结果所反映的事实情况进行横向对比，厘清各高校的高等教育服务学生满意度现状，为其未来改革提供借鉴。并且通过对比发掘其他院校对比自身的优势所在，通过相互了解现实情况寻找对方的优势和形成这些优势的具体原因，有利于高校间的相互学习、相互促进。

（6）北京市教育主管部门可以通过结果观察北京各高校共有的问题以及不同类型高校特有的问题，根据高校教育服务的发展趋势和学生的满意程度做出更加有效的改革方案、政策决定和发展规划。

（7）国家教育部等高等教育政策制定者可以根据评价模型中所反映出的不同因素对高等教育服务质量的影响程度制定出适合一定时期发展的政策措施和改革方案，对我国高等教育体制和机制改革提供重要参考。另外，当前我国还没有实施全国性的大学生满意度测评，也没有开发出具有全国效力的满意度测评量表，本书将为实施全国性的高校教育服务大学生满意度测评奠定基础。

（8）目前高等教育机构面临着全球性的生源竞争压力，研究高校教育服务质量与学生满意度之间的关系，使高校更清晰地了解如何提高自身服务质量，如何增加学生满意程度，可以促使高校形象和国际竞争力的提升。对吸引和保留优秀学生，促进高校的长远发展有着重要的现实意义和战略价值。

综上所述，进行高校教育服务学生满意度评价是确保高校活力和促进高校发展的一条有效途径。对北京高校进行学生满意度评价研究，可以将北京高校的调研数据与全国同类高等院校进行对比，促进高校间发现问题、弥补差距；通过本次调查研究，北京各高校可以建立时间序列分析，对本校的学生满意度评价数据进行跟踪和取样，了解本校近几年来的发展变化，定期进行高校教育服务学生满意度评价可以激发利益相关者之间的信任和相互了解，实现内部和外界对高校的有效问责，是对高校进行评估、认证和排名的有效补充；最后，北京高校众多，学科门类齐全，生源来自全国各地，通过对北京各类高校教育服务学生满意度的分类调查，能够侧面反映我国整个高等教育系统教育服务学生满意度的大体情况。

本书将高等教育服务作为高校的产品，直接受教育的学生视为顾客主体。在充分借鉴顾客满意度研究的成果基础上，将顾客满意度理论应用于学生对高校教育服务满意程度的测评；在大量问卷调研及数据分析的基础上构建学生满意度的计量测评模型，并基于测评结果提出高等教育服务质量学生满意度的改进策略。本书是对高等教育质量评价的一种探索，同时也是顾客满意度理论在社会公共事业中的发展。从实践角度看，本书将针对高校合理利用资源，提高高校教育服务质量，增强高校自身的核心竞争力，更好地满足学生顾客的需求，提高人才培养质量提出理论依据和科学参考。

第二节　研究思路与方法

一　核心概念界定

为使本书相关概念清晰，在此对下文中所涉及的重要概念作一说明解释。

高校教育服务是指高等教育机构利用教育设施设备、教育技术和教育人员为教育消费者提供的用于提高或改善教育消费者素质，促进教育消费者人力资本增值的非实物形态的产品。主要表现为不同的专业和相应的课程体系以及教师的备课、教授、辅导、测评、批改作业等一系列工作。

学生满意度是指学生作为享受学校教育服务的消费主体，将自己接受学校教育服务的感知结果跟自己预期期望进行比较的过程中，产生的高兴、愉悦、满足或者失望的一种心理感受。学生满意度通常包括 4 个方面：①理念满意；②行为满意；③视听满意；④服务满意。

高校教育服务质量是指作为高校教育服务消费主体的学生对高校教育服务实际表现的绩效感知同对服务期望之间的比较结果。用数学关系式可概括为如下公式：高校教育服务质量 = 绩效感知 − 服务期望。绩效感知小于服务期望时，说明学生的实际服务感知小于学生的服务预期，这是不可接受的服务质量；当绩效感知等于服务期望时，学生对服务质量是满意的；当绩效感知大于服务期望时，说明实际服务感知大于服务预期，学生产生服务质量惊喜①。

二 研究思路

本书的研究思路是通过发放调查问卷，获得调查数据，借鉴顾客满意度及服务质量相关的经济学理论，构建高校教育服务满意度评价模型，研究北京高校教育服务学生满意度的测评情况，并根据测评结果提出改进高校教育服务质量的策略。具体研究思路如下：

（1）借鉴 SSI 量表等国内外研究成果，选取学生满意度测评初始指标，并通过预调研，进行指标的调整和优化，最终设计高校教育服务学生满意度测评调查问卷。

（2）利用问卷有针对性地选取北京 16 所高校进行调查。

（3）通过对调查问卷的数据收集、基本的描述性统计分析，以及深入的信度效度分析，对调研效果进行评价。

（4）利用数据对所构建的高校教育学生满意度概念模型进行拟合，根据结构方程模型（SEM）拟合的情况对模型进行评价和修正，分析模型拟合结果。

（5）利用 Probit 模型和基于熵权法的物元模型，构建高校教育服务综合满意度评判体系，在调研样本的基础上通过定量化评价分析，研究北京高校教育服务学生满意度情况。

（6）在高校教育服务学生满意度测评的基础上，提出改进高等教育

---

① Valarie A. Zeitham l, Leonard L. Berry, & A. Parasuraman, Communication and Control Processes in the Delivery of Service Quality, *Journal of Marketing*, Number 52, 1988.

服务、提升学生满意水平的相关对策及建议。

三 研究方法

本书将采用问卷调查、理论建模与实证研究相结合的方法，通过选取初始指标、预调研和指标优化，最终设计了包括 52 种因素的调查问卷。笔者及本课题组于 2012 年 4 月发放了调查问卷，调查了北京 16 所高等院校的在校生，获得了一手数据资料。实证部分主要运用结构方程模型（SEM）、Probit 模型和基于熵权法的物元模型定量地探究当前北京高校教育服务学生满意的基本情况；影响高校教育服务学生满意度的关键影响因素等问题；并进一步探究提高高校教育服务质量、提升学生满意度水平的相关策略。

第三节　研究内容与结构安排

本书针对当前我国高等教育服务的发展现状，以北京高校教育服务为研究对象，通过调查问卷获得数据，建立高校教育服务学生满意度测评模型和方法，提出改进高校教育服务、提升学生满意水平的相关对策及建议，为我国高等学校更好地开展教育服务、提高自身整体服务水平提供决策支持。

一 研究内容

本书的主要内容有如下几点：

（1）高校教育服务学生满意度概念模型的构建。参考顾客满意度测评理论及方法，构建高校教育服务学生满意度概念模型。这是高校教育服务学生满意度调查的基础和依据。

（2）北京高校教育服务学生满意度调查。借鉴 SSI 量表等研究成果，选取学生满意度测评初始指标，通过预调研进行指标的调整和优化，最终设计高校教育服务学生满意度测评的调查问卷。本课题的调研对象主要针对北京的十余个国家级重点大学展开，具体类别将涉及北京大学等综合性研究型高校；北京工业大学、北京化工大学等理工类高校；北京师范大学等师范类高校；北京农学院、北京林业大学等农林类高校；中央财经大学等财经类高校；中国政法大学等政法类高校；首都医科大学等医学类高校。调查问卷的具体指标将依据不同类别的高等院校以及学生的人口统计特征（例如年级、性别、生源地、家庭收入和父母受教育情况等）进行有针对性的调整设计。

（3）高校教育服务学生满意度测评。通过对调查问卷的数据收集、基本的描述性统计分析，以及深入的信度效度分析，对调研效果进行评价。在此基础上，利用结构方程模型（SEM）及调研数据对所构建的概念模型进行拟合，进而分析模型的拟合结果。根据模型的拟合结果具体分析：①当前我国高校教育服务学生满意的基本水平；②影响高校教育服务学生满意度的关键影响因素；③不同特征调研对象（学生）对高校教育服务满意度存在差异性的原因。

（4）改进高校教育服务的建议和对策。在高校教育服务学生满意度测评的基础上，提出改进高等教育服务、提升学生满意水平的相关对策及建议。

二 结构安排

本书的各章节的主要内容如下：

第一章：绪论。本章首先阐述本书的研究背景，分析我国高等教育服务质量评价体系存在的问题，确定本书的意义；其次介绍研究思路与方法；最后提出本书的主要内容和结构安排。

第二章：高校教育服务学生满意度评价现状。本章首先介绍了美国、英国和澳大利亚三国高校教育服务学生满意度评价现状；其次叙述了高校教育服务学生满意度评价在我国的发展历程；最后对国外和国内高校教育服务学生满意度评价研究作了回顾与总结。

第三章：高校教育服务学生满意度评价的理论基础。本章重点阐述对高校教育服务学生满意度进行评价的三个理论基础，即公共服务理论、顾客满意度理论和高校教育服务质量理论，为后面章节的研究奠定理论基础。

第四章：高校教育服务学生满意度评价指标体系。本章首先介绍了两种重要的服务质量评估方法来研究典型顾客满意度指数，即 SERVQUAL 服务质量差距分析模型和 SERVPERF 模型；其次阐述了瑞典顾客满意度晴雨表指标、美国顾客满意度指标、欧洲顾客满意度指标以及我国顾客满意度指标这四个典型顾客满意度指数模型；最后介绍了美国的 SSI 指标体系和我国的 CSSI 指标体系，为后面章节的应用打下了基础。

第五章：高校教育服务学生满意度评价模型。本章介绍了研究高校教育服务学生满意度的常用方法和模型，包括回归分析、因子分析、Logit 模型、Probit 模型、结构方程模型、模糊评价、BP 神经网络、灰色系统模型和物元模型等。另外，介绍了几个研究高校教育服务学生满意度的常用软件，包括 SmartPLS、SPSS 和 MATLAB。为后面章节进行北京高校教育服务学生满意度评价做好准备。

第六章：北京高校教育服务学生满意度调研及样本分析。本章首先选取中央财经大学中国经济与管理研究院和经济学院的 440 名本科生，进行预调研。其次对北京 16 所主要高校的本科生进行问卷调查，获得有效问卷。再次，分析了北京高校教育服务学生满意度受年级、性别、生源地、家庭收入和父母受教育程度五个方面人口统计特征的影响。最后，指出本书指标体系的选择与确定。

第七章：北京高校教育服务学生满意度评价——基于结构方程模型的分析。本章通过建立结构方程模型研究北京高校服务学生满意度的评价情况，分析了影响学生对高校教育服务满意度的 52 种因素，得到了每一种因素的影响因子；根据结构方程模型得出的结论，实证分析了北京 11 所高校的因素改进指数，给出了每所高校的优势项目和劣势项目。

第八章：北京高校教育服务学生满意度评价——基于 Probit 模型的分析。本章利用实地调研数据，基于 Probit 模型和计量分析方法研究北京高校教育服务学生满意度问题。探讨学生满意度与高校教育服务之间的相关性，为高校提高教育服务水平提供可行的、具有参考意义的标准，使学生满意度成为促进高校发展的一个重要的指标，并提出相应的意见和建议。

第九章：北京高校教育服务学生满意度评价——基于物元模型的分析。本章基于熵权法的物元模型，构建了高校教育服务综合满意度评判体系。并选取了北京大学、北京化工大学和中国政法大学 3 所代表性的综合、工科、文科高校的数据作为研究对象，在调研样本的基础上通过定量化评价分析，提出改进北京高校教育服务的有效建议。

第十章：政策建议与研究展望。本书基于若干高校教育服务满意度测评模型，在对北京市 16 所高校开展调查问卷研究的基础上，分析了当前高校教育现状。本章从宏观和微观两个角度提出一些政策建议，并指出研究局限性与后续研究展望。

第二章 高校教育服务学生满意度评价现状

本章首先介绍了美国、英国和澳大利亚三国高校教育服务学生满意度评价现状，然后叙述了高校教育服务学生满意度评价在我国的发展历程，最后对国外和国内高校教育服务学生满意度评价研究做了回顾与总结。

第一节 国外高校教育服务学生满意度评价现状

近几十年来，西方国家对高校教育服务的重视程度不断提高，对高等教育质量的认知不断深化，高校教育服务满意度测评的起步也较早。下面分别介绍美国、英国和澳大利亚三国对高校教育服务学生满意度评价的现状。

一 美国

当前美国是世界上高等教育最发达的国家，高校数量多、质量高且管理体制完善。早在1966年，美国教育委员会就使用CIRP（Cooperative Institutional Research Program）来测量新生对高校教育服务的满意程度。

美国高校教育服务满意度调查中的一个显著特点是一些中介公司作为重要参与者，为诸多高校提供学生满意度调查服务，负责量表设计、问卷调查及数据回收处理。因此，学生满意度调查作为一个商品，形成了自己的市场。根据Scott在1997年的统计，美国高校中约2/3发放自己设计的问卷对学生满意度进行调查，另外1/3的高校借助中介机构提供的商业性调查工具，如Noel‐Levitz公司设计的学生满意度调查SSI（Student Satisfaction Inventory）。

美国教学服务中介公司提供的产品具体如表 2 – 1 所示①。

表 2 – 1 美国高校教育服务中介公司学生满意度调查产品

工具	目的	出版者
ACT 学生意见调查 （ACT Student Opinion Survey）	对已注册学生的感知调查,包括对大学服务的感知	ATC
学院项目评价调查 （College Assessment Program Surveys，CAPS）	对个人动机与院校感知的评价	MenTech，Inc.
学院描述性调查 （College Description Index）	测量学生满意度	ETS
学院兴趣调查 （College Interest Inventory）	测量课程兴趣	PDS
学院学生经历问卷 （College Student Experiences Questionnaire，CSEQ）	测量学生在服务机会上的介入情况	CPRP
院校目标调查 （Institution Goals Inventory）	测量对院校目标的感知	ETS
学生对学院的反应 （Student Reactions to Colleges ，SRC）	测量资讯、建议、报道、与教师接触、图书馆等	ETS
学生满意度：新生经历 （Student Satisfaction：The Freshman Experience）	测量学生对大学所有方面的满意度	U. of Tennessee
学生满意度调查 （Student Satisfaction Inventory）	测量学生对校园风气、教学效率的满意度	Noel – Levitz Centers
学生对大学生项目及服务的满意度 （Student Satisfaction with University Programs and Services）	测量本科生对一般项目及服务的满意度	Learning Research Ctr.
大学生居住环境量表 （Univ. Resident Environment Scales）	评价社会风气	Consulting Psych. Press

资料来源：Scott H. Levine，Querying on Quality：Assessing the Assessment of Student Satisfaction，American University，1997。转引自洪彩真《高等教育服务质量与学生满意度研究》，博士学位论文，厦门大学，2007 年。

---

① Scott，H. Levine，Querying on Quality：Assessing the Assessment of Student Satisfaction，American University，1997.

除此之外，由于美国各州分别实施高等教育管理且高校学生评价并不归属于高等教育质量保证体系，因而各地区没有全国性的评估机构及评教调查，高校满意度调查主要由各学校研究所组织实施，如印第安纳州立大学（Indiana State University）组织的 NSSE（National Survey of Student Engagement）和加州大学洛杉矶分校（UCLA）组织的 CSS（College Student Survey）。

二　英国

作为全球高等教育大国之一，英国拥有 90 多所大学、50 多所高等教育学院。随着高校教育的全球化趋势加快，英国高校规模不断扩大，对高校教育服务学生满意度调查的重视程度不断提高。在 1980 年以后，英国对于高校教育服务满意度的关注度随着大学规模的快速扩张而不断提高。英国质量研究中心（Center of Research into Quality，CRQ）在 20 世纪 80 年代开始进行高校学生满意度调查，最初仅覆盖国内高校的部分时间制学生，后来该调查被英格兰中部大学（University of Central England，UCE）采纳并每年定期进行满意度分析，影响力不断扩大。UCE 在五个层面上开展学生满意度调查，分别为院校层次、院系层次、项目层次、模块层次与学生评教。其中院校层次涵盖范围最广，其余四个层次的覆盖面依次递减。

在 20 世纪末期，英国部分大学开始自行组织教育服务满意度调查，调查的规模与影响力在之后几年大幅度提高。2005 年，英国高等教育拨款委员会（Higher Education Funding Council for England，HEFCE）开始在全国范围内组织大学生满意度调查（National Student Survey，NSS），调查英格兰、威尔士、北爱尔兰地区高校的学术课程情况，进而检测高校教学质量。Ipsos MORI 公司由 HEFCE 授权，负责具体的问卷发放与回收处理过程。问卷调查对象主要为应届本科毕业生，覆盖人数约 50 万人。

除 NSS 之外，英国媒体如《泰晤士高等教育周刊》（Times Higher Education Supplement，THES）自 2004 年起开始对高校教育进行测评，在发布年度全球大学排行的同时也发布高等教育学生满意度调查情况。

三　澳大利亚

澳大利亚高等教育的大众化程度在世界上位于前列，确立了完善的高校质量规范体系。澳大利亚没有全国性的高校教育服务满意度调查活动，在高校质量规范中，相关机构对学生满意度做出了大致规范，满意度调查的实施过程由各高校自行组织。

2000 年，澳大利亚建立了大学质量保障署（Australia Universities Quality Agency，AUQA），负责确定学校的学生标准及质量保障程序，与联邦政府、地方政府、大学构成了有效的教学质量保证体系。2011 年，澳大利亚政府设立了高等教育质量与标准属（Tertiary Education Quality and Standards Agency，TEQSA）接替 AUQA，旨在通过有效、独立的监管及质量保障体系促进发展高质量的高等教育。

TEQSA 在每年发布的年度报告中提出的高校管理风险因素包括学生资料与成果（Student profile and outcomes），员工资源与资料（Staff resource and profile）以及财务可行性与可持续性（Financial viability and sustainability）三方面。在"学生资料与成果"中将学生满意度（Student Satisfaction）归结为以下六个因素①：机构与学术管理（Corporate and academic governance）、管理与人力资源（Management and human resources）、对学生的责任（Responsibilities to students）、课程与信息适宜（Course resourcing and information are adequate）、高质量教学（Teaching and learning are of high quality）、学生支持服务（Student support services）。

第二节 我国高校教育服务学生满意度评价的发展历程

高校指实施高等教育的院校，包括大学、专门学院、高等职业技术学院、高等专科学校。高校教育包括研究生（含博士、硕士）、普通本专科、成人本专科、其他各类高等学历教育（含在职人员攻读硕士学位、网络本专科生）。而高校教育服务是指高等教育机构利用教育设施设备、教育技术和教育人员为教育消费者提供的用于提高或改善教育消费者素质，促进教育消费者人力资本增值的非实物形态的产品。下面介绍我国高校教育服务学生满意度评价的发展历程。

---

① 资料来源：http：//www.teqsa.gov.au/。

一　国内高校教育发展历程

为应对 90 年代前期由于市场经济改革而产生的大量失业人员以及经济软着陆而产生的内需不足,1999 年 1 月,国务院发布了转批教育部《面向 21 世纪教育振兴行动计划》的通知,将目标定位为促进就业以及拉动内需的中国高校扩招正式开始。随后,我国教育层次不断放开、高校扩大招生范围,高校教育的大众化趋势越加明显,高等教育规模迅速扩大。1999 年普通本专科学生数 408 万余人,招生数不足 155 万人;成人高等学校本专科学生数 20 万人,招生人数约 54 万人,合计在校生约 428 万人,招生人数 209 万人[①]。在 2013 年,我国高等教育在校人数达到 6547 万余人,招生数达 2035 万人,相比于 1998 年在校人数增长近 15.29 倍,招生人数增加约 9.73 倍。教育部发布的《全国教育事业发展统计公报》[②] 显示,2013 年我国高等教育毛入学率已经达到 34.5%,而在 1999 年这一指标仅为 10.5%。根据 Martin Trow 提出的高等教育三阶段理论——"精英、大众化、普及化"[③],我国高等教育发展已经进入大众化阶段。

高等教育的迅速发展使得高校呈现规模不断扩大、学科设置逐步细化、学生群体多样化的发展趋势,这对高校原有的"自上而下"的管理模式提出了挑战,使高校改革逐步成为社会关注的议题。在此背景下,高校教育服务满意度调查成为近年来国内研究的重要课题之一,如何通过"自下而上"的信息反馈使得学生要求顺畅传达至上层,如何通过教育服务质量以评价体系的提升来增强学习竞争力至关重要。高校规模不断扩张带来的影响有两方面:其一,随着高校教育发展速度的增快,教育投入规模难以支撑迅速膨胀的学生数量,高校人才的数量与质量之间的矛盾逐渐增大,不变的精英式高等教育结构在突然性的扩招政策的压力下,高校的教育理念和软件硬件都无法与大规模的入学学生数量相配套,因此质量问题自此大量产生,使得受教育者的期望与实际情况之间存在较大差距;其

---

① 资料来源:教育部统计数据 (http://www.moe.gov.cn/publicfiles/business/htmlfiles/moe/s8492/list.html)。

② http://www.moe.edu.cn/publicfiles/business/htmlfiles/moe/moe_ 633/201407/171144.html.

③ "精英、大众化、普及化":高等教育在为 15% 的适龄青年提供学习机会之前,属于精英高等教育阶段;达到 15% 时,开始向大众化转变;当进一步达到适龄人口的 50% 时,开始向普及化方向发展。

二，我国高校数量在近年来迅速增加，层次不断提高，尤其是近年来国外教育资源吸引了越来越多的优秀学生，使得学校间在争取更优质生源、吸引社会资源方面的竞争加剧。

因此，高校需要高度重视自身服务质量的不足之处并且转变传统的教育理念。与此同时，一个有效的高等教育服务质量评判方法对于高校有针对性地改进其不足是至关重要的，继而对于目前中国高等教育机构的普遍的教育服务质量以及基础设施无法满足学生需求的问题则具有更强的现实意义和实践价值。

二 国内高校教育服务学生满意度研究的发展历程

相对于西方国家来说，我国关于高校教育服务学生满意度的研究起步较晚，调查体系也不成熟。在研究方法上主要体现于先行指标单一、涵盖范围狭隘，直到 20 世纪 90 年代末，才逐步开始将相关研究应用于实践中。在具体实施过程中，我国学生满意度评价的不完善则反映于至今未形成大规模的学生满意度调查上，更罔论根据学校层次的差异分类别进行调查统计。现有的研究大多基于零散的调研活动，根据研究内容可将其分为理论基础研究与实证研究。

在理论基础上，赵国杰等（2001）[1] 针对大学生高等教育服务感知质量方面的测量进行了初步研究。朱国锋、王齐（2003）[2] 初步提出高等教育中引入顾客满意度测评的战略意义，构建高等教育顾客满意度测评模型和顾客满意度指数的一些基本原则。王宇中、时松和（2003）[3] 编制了仅限于个人满意度测评的大学生生活满意度评定量表。魏华飞、方文敏（2005）[4] 提出了高校顾客满意度的内容体系。陈洪涛（2005）[5] 在大学

① 赵国杰、张彤、闫丽萍：《大学生高校教育感知质量测度的初步研究》，《中国地质大学学报》（社会科学版）2001 年第 4 期。

② 朱国锋、王齐：《我国高等教育顾客满意度指数体系的建构》，《大连海事大学学报》（社会科学版）2003 年第 2 期。

③ 王宇中、时松和：《大学生生活满意度评定量表（CSLSS）的编制》，《中国行为医学科学》2003 年第 2 期。

④ 魏华飞、方文敏：《高校顾客满意度内容体系研究》，《辽宁教育行政学院学报》2005 年第 22 期。

⑤ 陈洪涛：《大学生满意度指数在大学评估中的应用探索》，《经济与社会发展》2005 年第 8 期。

生满意度指数运用于大学评估方面进行了一个初步的探索。韩玉志（2006）①、林飞宇等（2006）② 对中美高校学生满意度调查测量方法做了比较。林卉（2007）③ 建立了我国高校学生满意度测评指标体系，用结构方程的方法确定了指标的影响系数。鲍威（2007）④ 采用多元线性回归的方法，分析大学生教学满意差距的原因。另外，商业性学生满意度调查工具还包括：ACT 学生意见调查（ACT Student Opinion Survey）、学院学生经历问卷（College Student Experiences Questionnai）、学生对学院的反应（Student Reactions to College）、学生满意度调查（Student Satisfaction Survey）、学生对大学项目及服务的满意度（Student Satisfaction with University Programs and Services）。

在实证研究方面，国内关于学生满意度的调查并不是很多。王平等（2004）⑤ 针对大学生学生工作做了满意度调查的研究。傅真放（2004）⑥ 调查研究了武汉地区一所重点大学和广西、南宁四所高校，结果显示大学生对于高等学校的满意度：不满意 32.89%，一般 51.32%，满意 15.27%，非常满意 0.52%。对高校大学生满意度进行了实证研究，选取全国包括国家重点建设的"211 工程"综合大学、本科、专科（高职）院校的部分大学生，对其大学和学习专业，学校特色，学校管理，校风、教风和学风，大学教师教学，学生工作，后勤服务，治安状况，就业指导工作等十个方面进行问卷调查和访谈，并在此基础上提出了改进大学生满意度的 8 点建议。嵇小怡、黄小萍（2005）⑦ 测评研究了高校教育服务质量的满意度。尤海燕、俞丽敏（2005）⑧ 针对不同批次大学生进行了满意

---

① 韩玉志：《学生满意度调查在美国大学管理中的作用》，《教育发展研究》2006 年第 3 期。

② 林飞宇、李晓轩：《中美高校学生满意度测量方法的比较研究》，《华中师范大学学报》（人文社会科学版）2006 年第 5 期。

③ 林卉：《我国高校学生满意度指数测评研究》，《科技创业月刊》2007 年第 1 期。

④ 鲍威：《学生眼中的高等院校教学质量——高校学生教学评估的分析》，《现代大学教育》2007 年第 4 期。

⑤ 王平、钱贵江：《高等学校学生工作学生满意度研究》，《苏州大学学报》（社会科学版）2004 年第 2 期。

⑥ 傅真放：《高等学校大学生满意度实证分析研究》，《高教论坛》2004 年第 5 期。

⑦ 嵇小怡、黄小萍：《高校教育服务质量满意度测评研究》，《高教发展与评估》2005 年第 7 期。

⑧ 尤海燕、俞丽敏：《不同批次大学生满意度调查分析》，《宁波工程学院学报》2005 年第 4 期。

度调查分析。单天明（2005）① 采用英国 Dundee 大学开发、国际公认的世界性医学教育环境测评工具 DREEM 表，分别对五年制、七年制学生进行了医学教育环境满意度的研究。杨雪、刘武（2006）② 利用新提出的中国高等教育顾客满意度指数模型（CHE – CSI）对沈阳的 6 所高校进行实证研究，但 6 所高校的顾客满意度指数得分并不高，其中最高得分也仅为 57.99%。赵伶俐、潘莉（2001）③ 对重庆市院校综合排名前 24 所高校的 3266 名学生进行了抽样调查，结果表明高校学生对教学总的满意度分布有学校类型和年级的差异。刘俊学等（2006）④ 实证研究了大学生求学满意度的影响因素及其程度，结果显示：在影响求学满意度的众多因素中，影响力较大的几个分别是知识因子、教学环境因子、培养因子、服务因子、教学组织因子和管理因子。

第三节　高校教育服务学生满意度评价现有研究总结

在高校教育服务质量的量化主体上，相关研究基本一致性地认为成熟的教育体系应将教育服务作为分析对象，通过梳理高校教育服务特征、侧重点等，逐步改进服务质量。如胡子祥（2004）⑤ 提出传统的高校教育质量主要以学生成绩来进行量化，即将学生视为教育产品，用学生质量来衡量教育质量，这与学生的全面、健康发展是背离的。高校应当以学生为主体，以向学生提供更好的、更有利于其未来发展的教育服务。林丹（2004）⑥ 认为高校质量应体现于为学生服务，向社会提供准确、客观的

---

① 单天明：《七年制和五年制学生对医学教育环境满意度的比较研究》，《西北医学教育》2005 年第 6 期。

② 杨雪、刘武：《中国高等教育顾客满意度指数模型及其应用》，《辽宁教育研究》2006 年第 10 期。

③ 赵伶俐、潘莉：《高校学生对教学、任课教师和课程满意度的调查》，《重庆大学学报》（社会科学版）2001 年第 3 期。

④ 刘俊学、李正辉、赵雄辉：《大学生求学满意度影响因素及其程度的实证研究》，《高等教育研究》2006 年第 11 期。

⑤ 胡子祥：《高等教育服务质量控制链研究》，《理工高教研究》2004 年第 1 期。

⑥ 林丹：《为学生服务：高等教育质量评估的终极目的》，《现代教育科学》2004 年第 1 期。

参考信息，向学生提供更有利于其发展的学习、生活环境。下面介绍国内外高校教育服务满意度评价现有研究成果。

一　国外研究回顾

Martin Terror（1962）提出受教育群体将随着高等教育普及程度提高而逐步向多元化方向发展，这进一步表现为教育的公平性与包容性。在此背景下，高校与学生之间逐渐向交换关系转变，即高校从"知识的共同体"转变为"知识的经营体"，高等教育作为其向学生提供的一种服务。自 20 世纪 90 年代以来，高等教育在全球的大众化程度不断提高，高校成本分担、学费的提高使得学生主体作为消费者的特征更为明显。

有关服务方面的研究最早是亚当·斯密时期经济学领域关于服务方面的研究。经过众多学者多年来的研究，目前有两个不同的定义被学者们接受：第一，芬兰营销专家格鲁诺斯认为"服务是顾客研究与服务人员的一种关系，这种关系的发生可以帮助解决顾客自身所面临的一些问题"。[①]第二，美国市场营销协会（AMA）提出，服务是不用来和其他产品一起销售的，大多数情况下，服务是不可感知的，但是可以让人们产生满足的感受，并且具有可以被区分界定的特性。Philip Kotler（1997）提出顾客满意度是对服务、活动的期望值与感知效果的差值。

早在 20 世纪 80 年代国内外学者就开始着手对高等教育服务领域进行研究。大多数学者认为高等教育的重要产出就是高等教育服务。Shank、Walker、Hayes（1995）[②]提出高等教育将逐渐转向大众化的形式，在这一过程中，"满足消费者的期望和需求"是高等教育未来发展的重要方向。与此同时，高等教育服务质量主要取决于高等教育服务的特定顾客——学生在接受服务过程中对自己接受的高等教育服务形成的心理感受。Mohammad 等（1996）[③]提出了高等教育质量概念模型，并且在该模型中指出服务设施、服务态度、服务能力、服务内容及可靠性等都是高等

①　格鲁诺斯著：《服务市场营销管理》，吴晓云译，复旦大学出版社 1988 年版。

②　Shank M. D., Walker, M., Hayes T, Understanding Professional Service Expectation：Do we know what our students expect in a quality education, *Journal of Professional Services Marketing*, Volume 13 Number 1, 1995.

③　Mohammad S. Owlia, Elaine M. Aspinwall, A framework for the dimensions of quality in higher education. *Quality Assurance in Education*, Volume 4 Number 2, 1996.

教育服务的重要特质。Kwan（1996）[1] 将高校教育的服务质量分解为七个维度，分别为课程内容、教学设施、指导、考核、关注学生、人员、社会活动。

随着高校教育的服务特性越加显著，国外研究将顾客满意度指数（Customer Satisfaction Index，CSI）引入高校教育中，提出了高校教育服务满意度指数，旨在基于学生体验的满意度测评系统，反映学生在接受教育过程中对学校和教学过程产生的情感态度。自 20 世纪 90 年代以来，国外高校教育领域开始出现学生满意度的实证研究。如 1995 年，Shank，Walker 与 Hayes[2] 对覆盖三个大学、686 个专业、14 个教授的样本进行研究，分别从学生与老师的角度考察了高校教育环境服务质量。该研究创新性地扩大了高校教育服务满意度的分析对象，通过测度学生与教师对服务质量感知与期望的差异得到满意度情况。最终，该研究提出了学生对学校服务的期望要高于教师，且不同学校间学生的期望有所差异。Vieria（1996）[3] 对学生在校各方面表现进行测度，发现重视与学生交流沟通的学校有更高的学生满意度。Gary Don Schwantz 等（1996）[4] 基于 SERVQUAL 方法对传统、非传统两个学生样本进行研究，发现二者对学校的服务质量的感知不存在显著差异，但两类学生对员工与教师的感知质量存在明显差异，员工在 SERVQUAL 每个维度中的得分都较低。Carrie Leuaenia Ham（2003）[5] 提出高等教育中学生期望与感知存在差距的现象是普遍存在的，通过在 Southern Wesleyan University 与 Western Michigan University 进行实证，他进一步论证了服务质量的改进能够给学生带来显著影响，对学校竞争力的提升有很大帮助。

目前，国外学生满意度评价已经具备了相对成熟的指标体系，测评指

① Paula Y. K. Kwan, Application of total quality management in education: retrospect and prospect, *International Journal of Educational Management*, Number 10, 1996.

② Shank M. D., Walker M. Hayes T., Understanding Professional Service Expectation: Do We Know What Our Students Expect in a Quality Education, *Journal of Professional Services Marketing*, Volume 13 Number 1, 1995.

③ Soekisno Hadikoemoro, A Comparison of Public and Private University Students Expectations and Perceptions of Service Quality in Jakarta, Nova Southeastern University, 2001.

④ Gary Don Schwantz, B. S. H. E., M. ED, Service Quality in Higher Education: Expectations And Perceptions of Traditional and Non – Traditional Student, Texas Tech University, 1996.

⑤ Carrie Leugenia Ham, Service Quality, Customer Satisfaction, and Customer Behavioral Intentions in Higher Education, Nova Southeastern University, 2003.

标日趋一致。最具影响力的高等教育服务满意度测评指标体系为 20 世纪 60 年代美国学者 Stephanie L. Juillerat 提出的 SSI 量表。SSI 量表提出的 12 类指标体系是诸多国家进行学生满意度测评的基础，至今被广泛应用于实践领域。目前国外对满意度调查的研究逐步侧重于指导学校管理层面，通过确定学生满意度的影响因素，可以提出相应建议以提高学校的综合竞争力水平。如 2005 年 Debnath 通过实证研究，提出学生认为"毕业后找到的工作是否满意"是影响满意度的最大因素；Li WeiMai 则认为学生对校园的整体印象更能够影响对学校的满意程度。

刘慧等（2012）[①] 将顾客满意度模型的研究分为理论模型研究阶段与指数模型研究阶段，前者的代表为 Oliver Richard（1980）[②] 提出的"期望—实绩"模型与 Churchill、Surprennant（1982）[③] 提出的"认知—表现"模型，以上研究结果基于比较水平理论、归因理论、适应水平力量等相关理论得出，具有很强的指导意义，为之后进一步的指数研究奠定了基础。指数模型最初由 Fornell 提出，在消费过程的因果关系的基础上，他构建了顾客满意度指数模型并被广泛应用于各国的顾客满意度测评中，如瑞典顾客满意度晴雨表指数（SCSB）、美国顾客满意度指数（ACSI）、欧盟顾客满意度指数（ECSI），其中 1994 年建立的 ACSI 成为当前影响最大的评价模型。以上几类都是高校教育服务满意度调查的经典模型，对后来研究有深远的影响。

二 国内研究回顾

第三次科技革命以来，高校发展受到各国的不断重视，高等教育的社会地位大幅度提高。我国在高等教育服务满意度领域起步晚于发达国家，基础比较薄弱。但在已有经验的基础上，我国在理论研究及实践应用方面不断借鉴国外先进成果和技术，在近十年中取得了较大进展。

目前针对高校教育服务的评价主要从高校教育服务质量评价与高校教育服务满意度评价两方面展开，前者从学校角度出发，分析高校教育服务

---

① 刘慧、路正南：《基于 PLS 路径建模技术的中国高等教育学生满意度测评研究》，《教育管理》2012 年第 2 期。

② Oliver Richard L, A Cognitive Model of the Antecedents and Consequences of Satisfaction Decision, *Journal of Marketing Research*, Volume 17 Number 4, 1980.

③ Churchill G. A , Surprennant C, All Investigation into the Determinants of Customer Satisfaction, *Journal of Marketing Research*, Volume 12, 1982.

提供者在各方面的发展状况；后者则从学生角度出发，通过问卷调查得到学生对教育服务的反馈，进而倒推得到学校在各方面表现的优劣状况。下面将分别从两方面对文献进行梳理。

（一）高校教育服务质量研究回顾

大多数学者认为高校教育服务的对象为学生，即学生为高等教育的主要消费者。姚利民等（2003）[①] 提出在高校提供的教育服务中，学生是直接的消费者，也应该受到与其他产品消费者同等的对待，拥有要求高质量服务的权利。进一步地，戴梅红（2004）[②] 在 ISO 9000 中倡导的"顾客是关注焦点"基础上，提出高等教育服务也应将学生作为消费者，满足学生群体的发展需求。但部分学者对此提出异议，马万民、张美文（2006）[③] 认为顾客满意的主体为顾客，既包括教育服务的实际消费者（如学习、社会），也包括教育服务的利益相关者，即高校人才输送价值链上的每一个关键环节，如教职员、相关就业单位等。目前大多数高等教育服务主体应定位于学生。

根据胡子祥、雷斌（2008）[④] 的研究，高校教育服务质量的相关研究可划分为三个类别，分别是高校教育服务质量评价、高校教育服务质量特性、高校教育服务质量的影响因素。

高校教育服务质量评价：相关研究多基于 SERVQUAL、SERVPER、Importance – Performance 等模型，通过结合我国高校发展的实际建立指标体系，计算服务质量与学生的已有预期之间的差距（如 GAP5 方法）。

高校教育服务质量特性：该研究多侧重于高校教务服务的内在逻辑分析，不同学者得出的研究阶段存在较大差异。如陈士骏等（2005）提出高等教育服务均有无形性、同时性以及双重性，其中高校的无形性是区别于其他服务的重要特征，这也对高校管理提出了更高的要求。张爽、李辉

① 姚利民、肖贻杰：《高校应提高教育服务质量》，《当代教育论坛》2003 年第 7 期。
② 戴梅红：《在高等教育领域树立"顾客满意"质量意识的思考》，《高等农业教育》2004 年第 10 期。
③ 马万民、张美文：《高等教育服务过程的顾客满意度模型》，《统计与决策》2006 年第 9 期。
④ 胡子祥、雷斌：《大学生参与对高等教育服务质量影响的实证研究》，《现代大学教育》2008 年第 3 期。

（2008）[1] 则认为高校教育服务质量具有非实体性、过程性与双重性。

高校教育服务质量的影响因素：根据不同的侧重点，关于教育质量影响因素的研究结论也有所差异。该方向研究与高校教育服务质量评价结合紧密，目前国内大多数研究都是通过层次分析法等方法对指标进行处理，进而得到影响高等教育质量的主要因素。

（二）高校教育服务满意度研究回顾

现阶段我国高校教育服务满意度相关研究大多还是以学生为测评对象，但已经有部分学者提出应将更广泛的调查对象纳入到满意度调查中，如李德全（2005）[2] 提出高校教育服务满意度调查对象应包括学生、家长及社会。

我国高校教育服务满意度的相关研究虽然起步较晚，但也取得了丰富的研究成果。下面分别从学生满意度测评指标体系、感知质量以及评价模型三方面进行文献的梳理。

1. 基于测评指标体系的研究

现有的大多数高校教育服务满意度评价都采取了先建立评价指标体系、再通过层次分析或模糊评价等方法确定指标权重，进而得到评价的综合得分。然而，由于国内目前尚未出现成型的学生满意度评价体系，学者们在指标的选择上存在较大差异和分歧。

王国强、沙嘉祥（2002）[3] 提出应对高校学生满意测评加以重视，分析了学生满意度测评与学生评教的关系，并从课程讲授过程、能力训练过程、学校管理过程、师资及学科建设、其他服务方面进行满意度测评。该研究很大程度上倚重于传统的教学测评指标，对学生个人发展重视不足，所得结果客观性、合理性较弱。王宇中、时松和（2003）针对学生在校生活构建了大学生生活满意度指标体系，涵盖学校成绩、形象与表现、与朋友关系、身体健康状况、经济状况等指标。由于其目的对象是生活满意度，故而对学生自身生活情况关注度较高，对学校整体情况覆盖较少。

傅真放（2004）对高校大学生满意度进行了实证研究，对全国"211

① 张爽、李辉：《高等教育服务质量评价的模糊技术方法研究》，《管理评论》2008 年第 4 期。

② 李德全：《为大学生提供一流的教育服务——试论以"顾客"为关注焦点的高校满意测评机制》，《当代青年研究》2005 年第 8 期。

③ 王国强、沙嘉祥：《高校学生满意测量应用研讨》，《质量学术专刊》2002 年第 12 期。

工程"综合大学、本科、专科（高职）院校的部分大学生进行问卷调查访谈，内容涉及大学与专业，学校特色，学校管理，校风、教风和学风，大学教师教学，学生工作，后勤服务，治安状况，就业指导工作等十个方面。虽然该调查涵盖的学校层次较为全面，但在后期分析过程中并未区分学校类别，因而所得结果对特定高校的解释力较弱。

李德全、孔锐（2005）等从大学生顾客的角度进行了高校大学生测评研究，认为大学生在校所接受的教育就是高校向其提供的一种教育服务，使用顾客期望、顾客质量感知、顾客价值感知、顾客满意度与顾客忠诚度等六个结构变量对满意度进行测评。该研究继承了传统顾客满意度测评的思想，对高校教育这一特殊产品的特征关注不足。

陈萍（2006）[①] 针对高职院校的学生设计了教育服务满意度测评指标体系，包括自我发展、业余生活、后勤保障、教师队伍、教学情况、教学条件六个指标，虽然该项研究在学校类别上做出了划分，但指标体系中并未体现高职院校与普通高校的差异。

常亚平、侯晓丽、刘艳阳（2007）[②] 对我国 5 个城市 12 所大学进行抽样调查，通过因子分析得到学校环境与风气、学生管理机制、教学管理机制、教学基础设施、后勤服务、课外活动、教师职业素质、教学课程管理、职工服务意识及个人发展是影响学生满意度的主要因素。该指标体系覆盖范围较广，充分强调了各方面服务的重要性，但对学生个人发展的关注度较弱。

陆伟华、陈洪涛、张社强（2007）[③] 对广西思想政治理论课教学学生满意度进行了研究和分析，从课程价值、任课教师、教学态度、教学内容、教学方法、教学技能、教学效果等方面对广西思想政治理论课学生满意度进行了统计分析，并提出了改进的对策。该研究的特殊之处在于以特定课程为媒介测量学生满意度，得出的结果更具有针对性，但缺陷也在于指标体系的设计过于侧重教师授课评价，没有摆脱"学校本位"理念。

---

① 陈萍：《教育服务对象满意度调查指标体系设计与实证分析》，《温州职业技术学院学报》2006 年第 3 期。

② 常亚平、侯晓丽、刘艳阳：《中国大学生求学满意度测评体系和评价模型研究》，《高等教育研究》2007 年第 28 卷第 9 期。

③ 陆伟华、陈洪涛、张社强：《广西思想政治理论课教师工作满意度差异性研究——思想政治理论课教师工作满意度研究之三》，《高教论坛》2007 年第 2 期。

　　田喜洲、王晓漫（2007）[①] 建立学生满意度测评指标体系并在重庆4所高校进行实证。测评指标体系主要包括6方面，涵盖了教师教学、教学管理、学生工作、学校环境、教学条件及利用、学校社会声誉项目下的26个子项目。然而，该指标体系包括了"学校社会评价"等针对主体为社会而非调查主体的问题，给问卷调查的有效性与解释力度造成一定影响。

　　徐晓辉、赵国强、刘敏（2010）[②] 在美国SSI量表的基础上，提出大学生满意度的影响因素主要包括学校形象、专业建设、教师与教学、人文环境、住宿管理、餐厅服务、图书馆、网络资源和自然环境，其中前三个因素对学生满意度的影响最为显著。然而，该指标体系中接近一半项目涉及学校硬件配置，由于教育服务具有无形性特征，因而该指标体系难以全面、客观衡量学校所提供的服务。

　　张蓓、文晓巍（2014）[③] 以研究型大学的研究生为对象进行分析，在研究生期望、教学质量、科研训练质量以及管理服务质量四个前因变量以及研究生抱怨、研究生教育忠诚度两个结果变量的基础上，尝试构建研究生教育满意度模型。该模型的主要创新之处在于给学校明确划分类别，通过区分研究型与非研究型大学，使结果更准确、有说服力。

　　我国大多数研究都是基于国外学生满意度量表的基础上进行实施的。以上研究都从某些方面研究了高等院校的学生满意度问题，取得了一定的成果。但总体来看，国内高校教育服务满意度评价指标体系的相关研究中存在两类缺陷：

　　第一，大多数学者在设计指标体系的同时，选取了一定的样本规模对指标效果进行了实证。在此过程中，很多研究暴露出如下几类设计问题：首先，研究中提出的指标体系分化极大，虽然部分学者得出了一些实证结果，但如果提出的指标体系缺乏理论基础，则该结果是不可靠的，也是不客观的；其次，很多研究选取了某个地区或者全国范围的若干所学校进行抽样，但学校所提供的服务具有特质性，将不同类别、不同层次的学校化

　　① 田喜洲、王晓漫：《在校大学生满意度调查与分析》，《高教探索》2007年第5期。
　　② 徐晓辉、赵国强、刘敏：《大学生满意度测评量表构建》，《高教发展与评估》2010年第26卷第6期。
　　③ 张蓓、文晓巍：《研究型大学研究生教育满意度模型实证分析——基于华南地区6所研究型大学的调查》，《中国高教研究》2014年第2期。

作一个分析对象，难以保证所选择指标的适用性与公平性。

第二，这些研究多基于传统的高校教育服务满意度评价指标体系，往往把一个问题分解成若干个层次的子指标，这些指标之间相互独立，然后分别对每个指标的学生满意度进行评价，研究的重点是测评指标的构成。但是，顾客满意度理论认为，满意度是指个体的感觉状况水平，这种水平是其对产品和服务的感知与事前期望进行比较的结果，期望对感知和满意度是有影响的。传统的评价指标体系实际上只是从各个方面测评了学生对高校提供的高等教育服务的感知，而无法从本质上揭示这些变量之间的内在关系（杨振东，2008）。

2. 基于高校教育服务感知质量的研究

美国和瑞典等国的顾客满意度测评模型是基于因果关系的计量经济学测评模型，他们考虑了期望质量、感知质量和顾客满意度等因素之间的关系。感知质量是其中重要的结构变量，所以研究高校教育服务学生感知质量，对于建立科学的高校学生满意度测评模型具有重要科学意义。目前关于顾客服务感知的方法主要有两种，分别为 SERVQUAL 方法与 SE-RVPERF 方法。这两种方法分别基于"期望—感知"差距与"重要性—表现"差距进行分析。

赵国杰等（2001）在美国顾客满意度指数 ACSI 的基础上，对我国高校学生的感知质量进行了实证分析，结果显示我国高校学生给出了一个相对较低的感知质量评价。在该研究的基础上，赵国杰、史小明在 2003 年参照美国满意度模型，在我国高校发展实际情况的基础上尝试构建了高校教育质量满意度模型。

蔺炜莹（2005）[1] 分析目前存在于高校教学改革与高校后勤改革过程中存在的不足，从高校教学水平与学生生活水平两方面出发建立了感知质量指标体系，设立了包括课程结构、课程难度、食堂服务在内的 31 个感知质量指标。通过对天津大学学生进行问卷发放，得到学生对于课程结构、课程难度、授课方式关注程度更高，该指标对提升学生感知质量的作用也更明显。

胡子祥（2007）[2] 提出高校顾客感知衡量体系主要包括设施设备、后

---

① 蔺炜莹：《高校学生服务感知质量研究》，博士学位论文，天津大学，2005 年。
② 胡子祥：《高等教育顾客感知服务质量的实证研究》，博士学位论文，西南交通大学，2007 年。

勤、形象、内容、过程、情感、可靠性、社会实践、就业服务 9 个维度，共 35 个因素，通过在西南交通大学等 11 所院校进行实证得出内容、可靠性及过程对学生感知服务质量影响最大。

鲍威（2007）针对高校学生满意度的影响机制进行分析，通过对部属院校、市属院校及民办院校进行实证，得到地方高校评价忽略了从整体层面对学校的评价，无法准确衡量学生对学校的感知质量。

栾旭（2010）[①] 使用改进的 SERVQUAL 方法对黑龙江研究生教育满意度进行了调查研究。在 SERVQUAL 的基础上对哈尔滨 10 所高校的硕、博士生发放问卷 1000 份，得出两类群体对服务质量感知可靠性、反应性、移情性差距较大，具体表现为"学校尽力帮助学生解决问题"、"管理人员了解学生需要"、"高校了解学生需要"等方面差距大，高校需提高以上方面的服务质量。

对高校而言，进行学生对服务感知质量的评估有利于其实现高速扩张阶段的健康发展。但就现有研究来看，国内还存在定性分析较多、指标选取差异大、定量分析结果可信度较低等问题，这也是在之后的研究中需要注意的。

3. 基于评价模型的研究

近年来，国内关于高校教育服务学生满意度评价模型的研究逐渐增多，量化研究学生满意度问题越来越受学术界的重视。下面介绍基于评价模型的高校教育服务学生满意度研究。

刘俊学（2002）[②] 借鉴了 PZB 的 SERVQUAL 方法，提出了高教质量等同于高教服务质量的观点。他在 GAP5 的基础上构建了高校教育服务质量差距分析模型，结合我国实际建立了相应的学生满意度调查问卷。该研究对国内高校教育服务满意度研究有启发式的作用，为后来针对评价方法、评价模型及实证的诸多研究提供了基本思路。杨雪和刘武（2007）[③] 针对中国高校特点，在美国顾客满意度指数模型基础上增加了两个潜在变量——顾客信任及顾客承诺，构建了中国高等教育顾客满意度指数模型

①　栾旭：《黑龙江省研究生教育满意度调查研究》，硕士学位论文，哈尔滨工程大学，2010年。

②　刘俊学：《高等教育服务质量论》，湖南大学出版社 2002 年版。

③　杨雪、刘武：《中国高等教育顾客满意度指数模型的构建》，《公共管理学报》2007 年第 4 期。

（China Higher Education – Customer Satisfaction Index，CHE – CSI）。此后，刘武、李海霞（2007）进一步对上述研究进行修正，在中国高等教育顾客满意度指数模型增加了感知公平结构变量。

赵耀华、韩之俊（2007）[①] 将结构方程模型用于高校顾客满意度研究，结合我国高校发展特点提出了中国顾客满意度模型，包括感知客观质量、感知主观质量、感知价值、学校形象、顾客满意和顾客忠诚6个结构变量。并借助 PLS 路径分析软件进行了实证分析。证实模型有较好的拟合度。杨振东（2008）[②] 重点考虑高校形象、感知质量、感知价值、学生满意度和学生忠诚这5个结构变量，构建了高校学生满意度的结构方程测评模型，对学生感知质量进行了深入研究，提出了高校提高学生满意度的改进对策。李飞（2009）[③] 借鉴生产和服务领域普遍应用的顾客满意度理论，以结构方程模型为基础，综合分析高校教育服务属性，构建了高校教育服务满意度模型，并以天津大学为例做了实证分析。张运（2014）[④] 从学校形象、学生期望、质量感知、价值感知、学生满意、学生忠诚与学生抱怨7个变量构建了结构方程模型，并设计问卷收集数据，对模型进行拟合与修正。

另外，刘保相、周丽晖（2010）[⑤] 针对国内现有的高校教育服务学生满意度模型存在的不足，采用了基于因子分析的 Probit 模型确定结构方程的权数，建立了学生满意度模型，弥补了现有方法的缺点，既避免了指标的选择主观性强，又找到了影响学生满意度的主要因素以及这些因素的影响程度。

① 赵耀华、韩之俊：《基于结构方程的高校顾客满意度模型》，《系统工程》2007 年第 25 卷第 11 期。

② 杨振东：《高校学生满意度测评方法与改进策略研究》，硕士学位论文，河北工业大学，2008 年。

③ 李飞：《基于结构方程模型（SEM）的高校教育服务满意度研究》，硕士学位论文，天津大学，2009 年。

④ 张运：《高职教育服务学生满意度实证研究》，《企业文化》2014 年第 10 期。

⑤ 刘保相、周丽晖：《基于因子分析的 Probit 模型的高校教育服务学生满意度模型的设计》，《浙江交通职业技术学院学报》2010 年第 11 卷第 4 期。

第三章　高校教育服务学生满意度评价的理论基础

本章重点阐述对高校教育服务学生满意度进行评价的三个理论，即公共服务理论、顾客满意度理论和高校教育服务质量理论，为后面章节的研究奠定理论基础。

第一节　公共服务理论

一　两个核心概念

（一）服务

有关服务这一概念的研究最早可以追溯到亚当·斯密时期，它首先来自于经济学领域。目前，关于服务的定义有两种具有代表性的观点：

一是国际著名的服务营销专家格鲁诺斯。他在 20 世纪 90 年代指出"服务一般是以无形的方式在顾客与服务职员、有形资源商品或服务系统之间发生的、可以解决顾客问题的一种或一系列行为"。

二是美国市场营销协会（AMA）早在 1960 年给服务的定义，"用于出售或者同产品连在一起进行出售的活动、利益、满足感"。此后，该协会又将该定义补充、完善，将服务定义为"可被区分界定，主要为不可感知，却可使欲望获得满足的活动，而这种活动并不需要与其他的产品或服务的出售联系在一起。生产服务时可能会或不会需要利用实物，而且即使需要借助某些实物协助生产服务，这些实物的所有权将不涉及转移的问题"。

在服务基本特征的研究方面，格鲁诺斯认为，服务是一种过程或者行为，是非实体性的；服务顾客参与服务的生产过程；服务具有差异性，即不同顾客对同一种服务的感觉是有差别的。科特勒认为，无形性、易变性、不可分性、易消失性是服务的 4 个特征。法国营销方面的专家艾利尔和郎基尔德则认为，服务是非实体的，服务生产过程有顾客参与，服务机构和消费者之间存在直接关系。这一观点和格鲁诺斯的观点比较接近。

总之，学者们对服务的研究结果，可以将其特征概括为以下五点：①不可感知性：即无形性；②不可分性：即服务的生产过程、分销过程以及消费过程是同时进行的，在时间上是不可分离的；③差异性：服务的消费对象是人；④不可存储性：服务不同于有形的产品，它具有无形性及生产和消费同时进行，因此它不能存储起来，不能携带，只能当时消费；⑤缺乏所有权：由于服务具有无形性、不可存储性，服务的生产、消费都不涉及所有权的转移，服务在交易结束后就消失了，消费者并不能拥有实物性的服务。

（二）公共服务

公共服务是 21 世纪公共行政和政府改革的核心理念，它以合作为基础，包括加强城乡公共设施建设，发展教育、科技、文化、卫生、体育等公共事业，为社会公众参与社会经济、政治、文化活动等提供保障，强调政府的服务性，强调公民的权利。公共服务的产生源于社会公共需求的出现。

二 我国公共服务发展现状

自改革开放以来，随着我国经济的高速增长、政府财政收入的不断提高，我国公共服务体系也实现了快速发展。郁建兴（2011）[1] 将我国公共服务体系的发展分为如下 4 个阶段：

1949—1978 年：新中国成立后我国学习苏联模式建立了公共服务体系，该体系由国家负责维持，形成城市"单位制福利"和农村"集体制福利"的二元结构。在这种情况下，公共服务使用公平，但同时也存在公共服务整体短缺和体系效率低下等问题。

1978—1994 年：改革开放后我国确立了"以经济建设为中心"的指导思想，政府推动社会公共服务体系改革，实现了从单一供给主体到多元供给主体的转变、从国家免费供给到居民付费享受的转变，公共服务体系的供给效率与质量实现很大突破。

---

① 郁建兴：《中国的社会服务体系：发展历程、社会政策与体制机制》，《学术月刊》2011年第 43 卷第 3 期。

1994—2002 年：国企改革不断深化，政府也相应地推出推进行政管理体制、公共服务体制的改革。但暴露出的问题较多，教育、卫生事业的产业化、商业化趋势越加明显，相关服务市场价格大幅提高的同时政府投入严重不足，导致社会问题日益突出。但整体来看公共服务供给效率与质量得到提升，改变了改革开放以前的总体短缺状态。

2002 年以来：我国政府加强对社会政策体系、政治体制和公共财政体制的改革力度，不断提升公共服务供给机制的创新水平，使得社会公共服务投入稳定增长，多元供给机制不断完善，公共服务供给的普遍性目标逐步达成，同时公共服务的商业化和产业化逐渐完善。

三　教育公共服务理论

教育公共服务理论是公共教育与公共服务相融合的产物，其发展受到公共服务理论的影响，是公共服务理论在教育领域的延伸。

教育公共服务理论最先起源于西方国家，早期受到工业革命时期公共教育理论的影响，后期与公共行政的演变有着密切联系。现代教育公共理论起源于文艺复兴后，根据其主导思想可将公共教育理论在大萧条以来的发展划分为如下 3 个阶段[1]：

（一）1929 年经济大萧条至 20 世纪 60 年代

在大萧条后公共教育进入新的发展阶段，这一时期凯恩斯政府干预经济的理论盛行，在其指导下政府部门进入教育领域直接进行管理，公共教育的政府垄断特征越加明显。

（二）20 世纪 60 年代至 80 年代末

由于凯恩斯主义对经济发展的适用性有所减弱，批判政府对公共教育进行过度管理的研究越来越多。后来，随着新自由主义的兴起，西方国家开始尝试对公共教育进行市场化改革，相关研究逐步聚焦于政府、社会与教育市场之间的关系。

（三）1990 年后

教育市场化取得了突破性进展，支持者认为私立学校具有更高的优越性，通过辩证分析与统计调查等方式论证公共教育的劣势；反对教育市场化的研究则认为教育的公益性与市场的逐利性是相互矛盾的，教育市场化将带来教育伦理的丧失，进而带来学校的官僚主义与低调率，故而政府应

---

① 何鹏程：《教育公共服务体系构建研究》，博士学位论文，华东师范大学，2012 年。

当继续主导教育市场的发展。

在支持市场化的阵营中，John E. Chubb 和 Terry M. Moe 出版了《政治、市场与学校》一书，书中提出"所有学校均深受所处制度环境的影响，其组织、运作是否成功在很大程度上反映了制度背景"[1]。他们以实际数据测度了私立学校相对于公立学校的高效率与优越性，进而否定了政府主导教育市场的模式。1992 年，Ray Marshall 与 Mark Tucker 在《教育与国家财富：思考生存》中提出公共教育已经无法满足经济发展对人才的需求，应当建立高效的管理模式，将市场对人才的需求与高校联系起来，解决人才供需之间的矛盾[2]。90 年代末西方国家公共教育深受新自由主义思想的影响，政策选择向偏激化发展。

在此期间，反对公共教育自由化的呼声也不断强烈。如 Fred G. Burke 在《公共教育：谁来负责》中提出国家制定教育的公共程序能够保证教育的普及性，而 80 年代之后教育的市场化倾向则造成了全国性教育政策的必然缺失。Art Must Jr. 在《为什么我们仍需要公立学校》中则认为市场化的择校制度对公立教育造成巨大损害。Michael Strain 认为公共教育的目的不在于单一地追求效率，而在于灌输给学生信任、社会责任感等品质。此外，Micheal Apple 在其出版的一系列著作中提出新自由主义在教育领域中的实施有可取之处，但同时存在诸多问题，对其简单地进行肯定或批判是毫无意义的。他认为公共教育应同时考虑到社会的政治、经济、文化等多方面因素，提出了"公民学校"概念及"参与式预算"改革[3]。

第二节　顾客满意度理论

顾客满意度指数（Customer Satisfaction Index, CSI）被用于描述顾客对商品或者服务的消费评价，来源于顾客对所消费产品的直观体验与事前预期的差异。

---

[1]　John E. Chubb, Terry M. Moe 著：《政治、市场与学校》，蒋衡译，教育科学出版社 2003 年版。

[2]　Ray Marshall, Mark Tucker：《教育与国家财富：思考生存》，教育科学出版社 2003 年版。

[3]　Micheal Apple 著：《教育的正确之路》，黄忠敏等译，华东师范大学出版社 2008 年版。

一　相关概念

（一）顾客

ISO 认为顾客是"产品和服务的接受者"，TQM 则从顾客结构出发将其分为内部顾客和外部顾客，前者指产品或服务价值链中上、下游产业的参与人，后者则包括产品与服务的最后用户、社会等。在典型顾客满意度指标研究过程中，部分学者认为该研究主体应理解为"用户"（Consumer）而非"顾客"（Customer）。二者在概念上有细微差异，用户为产品或服务的最终消费者，不一定接触到购买阶段，对价格的反应与感应较弱；顾客则是产品或服务的直接购买者，可能没有进行消费，但对价格有较高的敏感度。当产品或服务的购买与消费主体一致时，顾客与用户是一致的，但当二者不一致时——如买礼物赠予他人——则会导致价格与消费体验的脱节，在这种情况下，可能存在无法准确反馈的情况。

（二）满意度

"满意度"是对顾客满意程度的量化，能以数值的形式具体描述产品与服务带给消费者的体验与感知。"满意"作为消费者内心的感受之一，难以被直接定性或定量描述，因而合理、全面的指标在满意测度中起到至关重要的作用。

若将满意度概念延伸至教育领域，则该领域的主体为学生。林卉（2007）对学生满意度给出的定义是：学生满意度是指学生作为享受学校教育服务的消费主体，将自己在接受学校教育服务的感知结果跟自己预期期望进行比较的过程中，产生的高兴、愉悦或者失望的一种心理感受。学生满意度通常包括 4 个方面：①理念满意；②行为满意；③视听满意；④服务满意。

二　顾客满意度理论

在顾客满意度理论相关研究方面，20 世纪 80 年代以来，欧美学者提出的许多理论模型来解释顾客满意感的形成过程。

美国学者 Oliver Richard 认为顾客满意度是顾客的一种心理反应，出于对自身需求的理解以及对产品或服务是否满足该需求来进行判断，得出基于两者差距的满意度评价。他在 1980 年提出了"期望—实绩"模型，是目前最常引用的顾客满意度理论模型之一。Oliver 将顾客满意度的决定因素归结为两方面：对产品、服务的期望与消费带来的实绩，即"满意度 = 实绩 - 期望"。其中顾客期望来源于以往的消费经历、事前信息判断

（包括他人介绍与宣传）等途径，实绩则为产品或服务带来的实际绩效。如果期望大于实绩，则消费未满足其期望，消费者满意度为负；反之则满足其期望，满意度为正。随后，Churchill 和 Surprennant（1982）提出了典型的"认知—表现"模型，他们认为感知表现也将影响顾客满意度。Oliver（1995）[1] 又提出"认知—情感—表现"模型，即"联合认知和增补情感的顾客满意∕不一致模型"，该模型在前期模型基础上增添了情感因素。

与顾客期望的比较过程中进行判断，Westbrook 和 Reilly（1983）首次将顾客需要作为标准提出需要满足程度模型。另外，还有 Robert B. Woodruff、Ernest R. Cadotte 和 Roger L. Jenkins 提出的"顾客消费经历比较"模型；Robert A. Westbrook 和 Michael D. Reilly 提出的"顾客感知的价值差异"模型；Fornell（1992，1993）提出的顾客满意度测评的结构方程模型（Structural Equation Model，SEM）；Kotler（1996）提出的顾客让渡价值模型；赵平（2001）[2] 构建的中国顾客满意度测评（CCSI）模型，等等。

三　顾客满意度调研

"顾客满意"的概念最早由美国学者 Cardozo 于 1965 年初次引入商业领域，西方国家逐渐兴起服务质量方面的研究，服务质量的重要性也被各企业所广为重视。作为服务质量的重要评测工具——满意度调研，也得到了企业重视。

最初，服务满意度的调查主要采用两种方式：一是问卷调查，多采用电话回访和门口拦截方式，来确认工作人员是否按照规则进行操作；二是顾客暗访，主要针对一线部门，采用假扮神秘顾客接受服务、全程录像的方式。

在顾客满意度界定上，虽然自 1965 年起就成为了学术研究的热点，学者们也进行了 40 多年的研究，但关于顾客满意度的界定并没有形成共识。学者们对顾客满意度界定大多可分为三个角度：①过程整体感受观；②成本收益差距观；③期望感知差距观。其中第三个角度得到了各学者的广泛支持，它的主要内容是：顾客满意度是通过顾客对比其预期和实际感

---

① Oliver Richard, Cognitive, Affective and Attribute Bases of the Satisfaction Response, *Journal of Consumer Satisfaction*, Volume 2, 1993.

② 赵平主编：《中国顾客满意度指数指南》，中国标准出版社 2003 年版。

知后的感情形成的。而预期主要来自两方面：其一，客观经验，即以往的消费经历；其二，主观感受，即自身需要。一般情况下，期望大于感知时，顾客不满意；期望小于感知，顾客满意。

在进行顾客满意度理论研究时，需要对调查对象进行层次及规模上的区分，具体为：①区分层次。顾客满意度指数的度量基础为某一国家范围内，覆盖多个行业、市场，经由企业、行业、部门、国家等多个层次的计算得到满意度指标。不同研究对层次的划分有所差异，如张新安（2004）[①] 认为中国顾客满意度指数层次应包括企业层次、产品层次、行业层次、部门层次、省份层次及国家层次。②区分规模。根据规模进行划分，顾客满意度包括了个体满意与总体满意两方面。前者反映了不同消费主体之间在消费心理、消费预期以及消费行为等方面的差异，后者则更多地度量了品牌、行业以及国民经济系统给消费者带来的感受。

第三节　高校教育服务质量理论

随着高校教育学费由国家承担逐步转变为消费者个人承担，高校教育发生两个变化，分别为产品逐步实现从学生向教育服务的转移以及购买主体实现从国家向个人的转移。传统教育观念逐渐被服务产品观替代。

高校教育服务[②]是指高等教育机构利用教育设施设备、教育技术为教育消费者提供的用于提高或改善教育消费者素质，促进教育消费者人力资本增值的非实物形态的产品。主要表现为不同的专业和相应的课程体系以及教师的备课、教授、辅导、测评、批改作业等一系列工作。

一　高等教育服务质量观

马万民（2004）[③] 提出统一发展时期的高校教育评价标准与高校教育质量观具有共通性，因而在明确教育质量观的前提下能够更全面地对高校教育服务理论做出评价，故而高校教育服务质量观与高校教育服务质量理

---

① 张新安：《构建我国顾客满意度指数的系统研究》，博士学位论文，上海交通大学，2004年。

② 郭桂英：《对高等教育评估的经济学分析》，《教育发展研究》2006年第23期。

③ 马万民：《高等教育服务质量管理的理论与应用研究》，博士学位论文，南京理工大学，2004年。

论有不可分割的关系。在从精英化向大众化、普及化发展的过程中，高等教育质量观不断发生改变，高等教育服务理论也逐步形成与完善。

对于高校教育服务质量观，潘懋元先生提出："教育质量观是对教育工作和受教育者质量的基本看法。"主要的高等教育质量观包括以下几类。

（一）学术性质量观（Technicality for purpose）

学术性质量观属于精英质量观的一种，以"卓越"（Excellence）及"一流"（First – Class）为标准。传统的高校教育处于精英教育阶段，以学术性成果为单一的质量评价标准，体现对理想价值的追求。学术性质量观的代表有 Cardinal Newman 提出的大学教育主张、Wilhelm Von Humboldt 的"唯科学是重"、福莱克斯纳的"学人的乐园"等，这些观点对教育过程本身极为重视，推崇强大的师资力量与高校教育的学术主体价值，认为教育应当以学术为唯一目标，主张学术至上、知识至上。

（二）"目的适切"观（Fitness for purpose）

"目的适切"观①最初起源于产业领域，在 20 世纪 90 年代被引入高校教育领域。高校教育质量的目的适切观主张教育应该有其内在的质量要求，即高校教育的质量可以由其是否满足社会及个人需求来衡量。目的适切性以"内适质量"、"外适质量"、"个适质量"来进行衡量，其中"内适质量"代表高校教育内在质量要求，满足教育形式多样化、层次化需求；"外适质量"代表高校应满足三方面需要，分别为社会高级人才的教育需要、高校教育科技发展与传播需要以及社会对高校教育服务的需要；"个适质量"指高校教育需满足直接消费者对高校教育培养质量、培养规格等方面的需要。

（三）需求导向观（Meeting customer expectation）

需求导向观②与目的适切观表达较为相近，认为教育与一般的产品和服务类似，高校教育应满足消费者的需求，主张个体接受教育应出于自身需求，消费者的满意度成为评价教育质量的标准。

（四）价值增值观（Value added）

"价值增值"观③主张比较受教育主体在接受教育前后发生的区别来

---

① 陈玉琨：《超前发展的重点应是高等教育》，《中国教育报》2001 年第 3 卷第 2 期。

② 赵婷婷：《从精英到大众高等教育质量观的转变》，《江苏高教》2002 年第 1 期。

③ 熊志翔：《高等教育质量保障体系研究》，湖南人民出版社 2002 年版。

衡量教育的质量，受教育主体发生的价值增值越多，则反映出高校教育的质量越好，教育越有价值。Martin Terror 提出："大众化高等教育阶段评价标准更加多样，在高校教育不断普及的过程中，凭借教育经验的价值增值将更适用于判断个体及学习的活动。"这一观点也促进了高校教育的大众化过程，高校通过扩大招生、降低招生起点而实现学生更高的价值增值幅度，进而得到更高的教育质量评价。

（五）产品质量观（Product quality）

产品质量观①认为高校的产出是学生，将学校视为培养人才的工厂，只有能够培养出高质量学生、达到高就业率的高校才能够在竞争中生存下来。

二　高校教育服务质量观的发展阶段

马万民（2004）认为高校教育质量观在发展过程中实现了从满足某种"质的规定性"到满足"主体需要"的转变、从为"已知的社会"培养人才到为"未知的社会"培养人才的转变。对此，他将高校教育质量观分为 3 个发展阶段：

（一）"符合规定性"质量观阶段

在整个 20 世纪，高校教育的衡量标准是国家、学术集团制定的标准。高校参照该标准培养学生、进行科学研究及社会工作，若高校培养的学生符合标准要求，则教育就是合格的。如我国于 1998 年颁布的《高等教育法》，即为我国高校教育制定了详细的质量标准与技术指标。

（二）"符合需要性"质量观阶段

进入 21 世纪后，原有的只包括合格与不合格两个选项的衡量标准已不再适用于多层次、多样化的教育服务体系。社会对高校教育的类型与期望存在很大差异，能够满足消费者需求的高校才能获得更高评价。马万民认为"用户满意"将成为 21 世纪高校教育质量的最终标准。

（三）"符合创新性"质量观阶段

相比于"规定性"、"需要性"，"创新性"更多地侧重于为未来社会培养人才。未来社会对创新型人才的需求增大，高校能否顺应社会发展的趋势，通过体制改革与教育创新加强对受教育群体个人发展的创新性引

---

① 熊志翔：《高等教育质量保障体系研究》，湖南人民出版社 2002 年版。

导，对高校本身有十分重要的作用。纳伊曼（1982）[1] 提出高校适应社会需求的能力与超越单纯适应阶段、在世界范围内发挥创造性与革新的能力决定了高校的质量与未来发展。我国《面向 21 世纪教育振兴行动计划》首次提出高等教育的目标之一为"培养造就一批高水平的具有创新能力的人才"。

目前我国高校教育服务满意度的特殊性在于高校作为一个公共主体，具有公共事业组织的特点，但在当前发展速度加快、行业竞争加剧背景下，又必须作为一个市场主体参与竞争。

三 高校教育服务理论相关研究

目前高校教育服务的理论研究主要分为两类：

一是芬兰专家 Christian Gronroos（1982）[2] 提出服务导向质量理论。该理论强调"消费者认可的才是质量，质量必须是用户可感知的质量"。高等教育的产出质量和过程功能质量对消费者满意度起到关键作用。

二是 20 世纪八九十年代，美国营销专家 A. Parasuraman, Valarie A. Zeithamal, Leonard L. Berry 提出 5GAP 模型[3]，我们将在第四章详细介绍此模型。5GAP 模型在教育领域中的应用如下[4]：

GAP1：描述教育需求者对高等教育服务的预期与学校对这些预期的认识之间存在差距，要求高校从学生的角度出发，不断了解学生真实需求；

GAP2：描述学校对高等教育需求主体预期认识与将这些预期转换为高校规章制度存在的差距，要求高校在相关规章制度的制定上应主要考虑学生实际需求，创造满足学生需求的学习、生活环境；

GAP3：将教育需求主体预期转换为高校规章制度与大学高等教育服务准备过程之中存在的差距，要求高校在规章制度的具体实施过程中，重视细节，不断改进；

---

① 纳伊曼：《世界高等教育的探讨》，教育科学出版社 1982 年版。

② C. Gronroos, A Service Quality Model and Its Marketing Implications, *European Journal of Marketing*, Vol. 18, No. 4, 36 - 44, 1982.

③ A. Parasuraman, V. A. Zeithamal, and L. L. Berry, SERVQUAL: A Multiple - Item Scale for Measuring Consumer Perceptions of Service Quality, *Journal of Retailing*, Vol. 64, No. 1, 12 - 40, 1988.

④ 黄中华：《湖北地区民办高校大学生满意度调查研究》，硕士学位论文，华中农业大学，2009 年。

GAP4：大学高等教育服务准备过程与高等教育服务过程中存在差距，也就是说高校认知和学生感受之间存在差距；

GAP5：高等教育需求者预期质量和感知质量存在差距。

第四章 高校教育服务学生满意度评价指标体系

本章首先介绍了两种重要的服务质量评估方法来研究典型顾客满意度指数，即 SERVQUAL 服务质量差距分析模型和 SERVPERF 模型；接着阐述了瑞典顾客满意度晴雨表指标、美国顾客满意度指标、欧洲顾客满意度指标以及我国顾客满意度指标这四个典型顾客满意度指数模型；最后介绍了美国的 SSI 指标体系和我国的 CSSI 指标体系。

第一节 典型顾客满意度指数

顾客满意度研究的重要性在现代社会中的作用逐渐凸显。从宏观层面看，它能够综合反映顾客对购买产品或服务的需求程度，通过顾客对消费过程做出的评价，能够反映社会需求单位对产品或服务的价值衡量，进而为宏观经济调控提供有效信息。从微观层面看，顾客满意度是衡量企业产品或服务的重要指标，对企业提高内部运营管理具有重要意义，有利于提高企业盈利水平，预测未来发展前景。

一 服务质量评估方法

典型顾客满意度指数的基础是服务质量评估方法，在服务质量评估模型提供的框架下，进一步将指标体系指数化便可得到顾客满意度指数。顾客满意程度的服务质量评价方法在过去几十年中发展出多个分支，其中以美国服务质量组合 PZB（A. Parasuraman, Valarie A. Zeithamal, Leonard L. Berry）于 1995 年提出的 SERVQUAL（service quality 的缩写）模型与 Cronin 和 Taylor 于 1992 年提出的 SERVPERF（service performance 的缩写）模型最为著名。

（一）SERVQUAL——服务质量差距分析模型

20 世纪八九十年代，美国营销专家 A. Parasuraman、Valarie A. Zeithamal 和 Leonard L. Berry 提出了 5 种服务质量差距模型：

差距 1：认知差距，即提供产品或服务的决策者无法真实了解顾客的期望，进而造成其产品或服务无法满足顾客的真实需求。

差距 2：制定标准差距，即产品与服务提供者感知到顾客的期望，但未选择合适的途径、制定合理的规范来实现该期望。

差距 3：传递差距，即高校的服务质量标准与高校服务传递之间的差距，即未按标准提供教育服务。

差距 4：服务绩效差距，即服务承诺与实际的服务绩效无法匹配。

差距 5：期望与感知差距，即顾客对产业或服务的期望与实际感受之间的差距。

图 4 - 1　SERVQUAL 方法的维度演变

资料来源：A. Parasuraman, V. A. Zeithamal, and L. L. Berry, SERVQUAL: A Multiple - Item Scale for Measuring Consumer Perceptions of Service Quality, *Journal of Retailing*, Vol. 64, No. 1, 12 - 40, 1988. 转引自洪彩真《高等教育服务质量与学生满意度研究》，博士学位论文，厦门大学，2007 年。

之后在 10 因素指标的基础上，PZB 将 SERVQUAL 指标按照相关性进行检测，对其进行反复简化提纯，最终形成了涉及 5 个方面因素的 22 个问项。这 5 个方面的具体内容为：

有形性（tangibility）：描述服务机构有形设施情况，如硬件设施、工作人员外形等。

可靠性（reliability）：描述了服务机构是否兑现其对消费者的承诺。

反应性（responsiveness）：服务人员是否能够主动提供服务的自发性。

保证性（assurance）：测度提供服务的过程是否能增强消费者对其信心，信任产品及服务的质量，主要考察服务人员的能力、态度。

移情性（empathy）：是否能为消费者着想，考虑其实际情况并给予个性化服务。

SERVQUAL 是在"期望—感知"（perceptions minus expectations）理论的基础上进行开展的，在以上 5 个方面指标的基础上结合期望—感知评估框架，便能够计算出基于消费的服务质量的得分。SERVQUAL 方法中顾客满意度是由感知质量 SQ（即 SERVQUAL 模式中的总的感知质量）来体现的，计算公式为：

$$SQ = \sum_{i=1}^{n} (P_i - E_i)$$

其中，P_i 为顾客根据第 i 个服务项目带来的感受而给出的分数；E_i 为顾客对第 i 个服务项目的期望分数；n 为评估框架涵盖的项目数量。进一步地，服务质量满意度加权形式的表达式为：

$$SQ = \sum_{j=1}^{m} W_j \sum_{i=1}^{n} (P_i - E_i)$$

这里 P_i、E_i 与前式含义相同，W_j 为第 j 个服务维度的权重，m 为评估体系中服务维度的个数，n 为每个服务维度中具体服务项目的个数。

（二）SERVPERF 模型

Cronin 与 Taylor（1992）认为 PZB 的 SERVQUAL 方法缺乏有力的实证结果，从提高模型的实用性与解释能力出发，他们提出了 SERVPERF 模型。从分析思路上来看，SERVPERF 与 SERVQUAL 均采用差距度量方法，只是前者在具体的测度方法中使用的为 SQ = Importance – Performance（即 SQ = I – P）。相比于 SERVQUAL，它更为简洁易懂，解释能力较强。因此，国外高校学生满意度评价多使用 SERVPERF 方法。

目前服务质量评价方法仍在不断改进，相关研究越来越全面。但值得注意的是，在评价方法逐步趋向于完善的同时，服务质量维度与构成要素的相关研究并未取得统一的看法，不同学者提出的服务维度与具体项目之间的分歧很大，这是导致当前服务质量测评结果内容涵盖不全、同一领域不同研究间可比性较差的主要原因。

二　典型顾客满意度指数模型

典型顾客满意度指数是在 1996 年由 Cuthbert 在 SERVQUAL 模型的基础上提出的[①]。目前我国高校使用的高等教育服务满意度评价体系在建立过程中借鉴了很多国外顾客满意度指数模型的经验，可以说它为中国高等教育 CSI 体系的确立奠定了基础。

Fornell（1996）[②] 提出的基于因果关系的 CSI 模型是如今诸多国家顾客满意度测评的理论基础，该模型最初包括 5 个相关因素，分别为顾客期望、感知价值、感知质量、顾客投诉、顾客忠诚。它从内在逻辑分析的角度出发，以顾客满意度为中心构建了一个涵盖顾客体验的前因后果的系统性网络，进而得到顾客满意度的综合性评价。结合已有研究来看，目前国际主流的顾客满意度指数模型包括如下几类。

（一）瑞典顾客满意度晴雨表指标

1989 年，瑞典统计局首先建立了顾客满意度指标体系，即瑞典顾客满意度晴雨表指标（Swedish Customer Satisfaction Barometer, SCSB），并将其作为用于检测国家经济运行状况及未来发展的一项指标。SCSB 是第一个在国家层面上衡量国内产品、服务购买与消费满意度的指标，调查范围涵盖了超过 30 个行业的 100 多个公司，意在为生产率测度提供补充参考[③]。SCSB 包括五个结构变量：顾客满意、顾客期望、感知绩效、顾客抱怨、顾客忠诚。该变量都为隐变量，即只能通过若干个可测变量来进行估计，不能直接取得，5 个结构变量的关系见图 4 - 2。在 5 个变量中，顾客期望与感知绩效是前因变量，顾客抱怨则是对消费过程表示不满的方式，抱怨主体经过妥善处理后可能转化为顾客忠诚主体，也可能未经良好处理从而导致顾客损失。

---

① P. F. Cuthbert, Managing service quality in HE: is SERVQUAL the answer?, *Managing Service Quality: An International Journal*, Volume 6 Number 2, 1996.

② C. Fornell, M. D. Johnson, E. W. Anderson, J. Cha, and B. E. Bryant, The American Customer Satisfaction Index: Nature, Purpose, and Findings, *Journal of Marketing*, 1996.

③ M. D. Johnson, A. Gustafsson, T. W. Andreassen, The evolution and future of national customer satisfaction index models, *Journal of Economic Psychology*, Volume 22 Number 2, 2001.

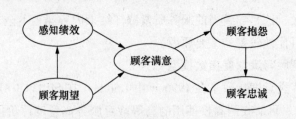

图4－2 瑞典顾客满意度晴雨表指数（SCSB）模型

资料来源：Fornell et al.（1989）。

（二）美国顾客满意度指标

1994年，美国开始公布顾客满意度指数（American Customer Satisfaction Index，ACSI）数据，参与数据编制的机构包括美国密歇根大学商学院、美国质量协会（American Society of Quality，ASQ）的国家质量研究中心（National Quality Research Center，NQRS）和国际咨询公司（Claes Fornell International，CFI）。ACSI指标被直接用于对美国境内的产品或服务进行统一的、全国性的、跨行业的度量，能够有效反映经济走势，为公众了解公司、行业、家庭消费情况提供参考标准。

与瑞典的SCSB相比，美国的ASCI增加了感知价值变量，总体构成情况较瑞典顾客满意度晴雨表指数模型有所改进，具体如图4－3和表4－1所示。

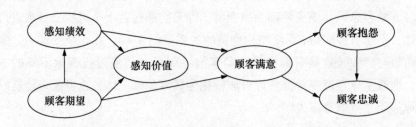

图4－3 美国顾客满意度指数（ASCI）模型[1]

资料来源：Fornell et al.（1996）。[2]

---

① 霍映宝：《顾客满意度测评理论与应用研究》，东南大学出版社2010年版。

② C. Fornell, M. D. Johnson, The American Customer Satisfaction Index：Nature，Purpose，and Findings，*Journal of Marketing*，Vol. 60，No. 4，7－18，1996.

表 4 –1	美国顾客满意度指数（ACSI）构成体系
结构指标	测量指标
感知绩效①	顾客化质量、可靠性质量、总体质量
顾客期望	总体期望、顾客化期望、可靠性期望
感知价值	给定质量下的价格、给定价格下的质量
顾客满意	整体满意度、实际绩效满足度、同理想产品或服务比较后的满意度
顾客忠诚	顾客再购可能性、价格承受力
顾客抱怨	是否对产品和服务有正式或非正式抱怨

美国的 ASCI 的前期准备还包括选择样本机构、确定调查样本等步骤。在全国范围内选择 200 个样本机构，包括企业及向社会提供服务的政府部门。所选机构需要包括市场占有率较大的国外企业。选择样本机构条件包括样本的总产值需达到国内生产总值的 40%，提供的产品或服务在国内消费品市场上约占 30%。② 在所选机构中，大机构抽取调查客户约250 人，小机构抽取客户 100—225 人进行电话采访，调查总量约50000 人。

（三）欧洲顾客满意度指标

1998 年，在欧盟委员会（European Commission）、欧洲舆论和市场研究协会的支持下，由欧洲质量组织（European Organization for Quality）、欧洲质量管理基金会（European Fund of Quality Management）及从事顾客舆论调查的 8 所大学共同制订了欧洲顾客满意度指标（European Customer Satisfaction Index，ECSI）。1999 年起，ECSI 开始在欧盟 11 个国家定点调查，目前由欧盟各成员国顾客满意度指数评价机构的管理委员会管理。③

与美国的 ASCI 相比，ECSI 去掉了顾客抱怨变量，进一步将感知质量划分为感知硬件质量与感知软件质量。在 ECSI 体系中，顾客满意有 5 个前因变量及一个结果变量，前者包括品牌形象、顾客期望、感知质量（软件）、感知质量（硬件）及顾客价值，后者为顾客忠诚。与 ACSI 相比，ECSI 删除了顾客抱怨变量，增加了品牌形象变量，具体见图 4 –4 和表 4 –2。

---

① 1995 年，ASCI 进一步将感知质量分为产品感知质量与服务感知质量两类。
② 蔺炜莹：《高校学生服务感知研究》，博士学位论文，天津大学，2005 年。
③ 金勇进、梁燕、张宗芳：《满意度评估系统应用研究》，中国统计出版社 2006 年版。

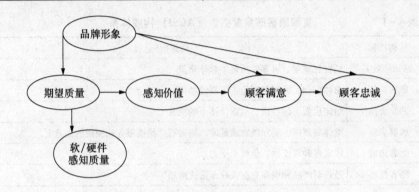

图 4 - 4　欧洲顾客满意度指数（ESCI）模型

资料来源：Abingdon（1999）。

表 4 - 2　　　　　　　　欧洲顾客满意度指数（ECSI）构成体系

结构指标	测量指标
品牌形象	顾客对组织的商业实践、商业道德、社会责任、整体形象的看法
顾客期望	对产品或服务的总期望、对组织与自己沟通的期望
感知质量（硬件）	产品达到顾客要求的程度、与其他品牌比较的实际感受、对产品或服务整体质量的评价
感知质量（软件）	沟通达到顾客需求的程度、与其他企业沟通质量比较的感受、对该企业整体沟通质量的评价
顾客价值	以货币衡量的价值、同竞争者比较后衡量的价值
顾客满意	整体满意度、实际绩效满足度、同理想产品或服务比较后的满意度
顾客忠诚	顾客再购意愿、顾客交叉再购意愿、推荐他人可能性

（四）中国顾客满意度指标

20 世纪 90 年代，我国逐步开始重视顾客满意度的研究。1996 年清华大学开始从国外引入顾客满意度指数概念，1998 年，在瑞典、美国等国家的经验上，清华大学中国企业研究中心开始构建中国顾客满意度指数（Chinese Customer Satisfaction Index，CCSI）。进一步地，中国标准化研究院与清华大学于 2005 年合作组建中国标准化研究院顾客满意度测评中心（以下简称"评测中心"），开展顾客满意度测评理论研究，构建适合我国国情的顾客满意度指标测评体系。自 2005 年测评中心进行顾客满意度调查涵盖耐用、非耐用、生活服务等 20 余个行业，覆盖我国 GDP 43% 的产品类型。目前评测中心已经逐步将满意度调查规范化，定期开展计算机辅助电话调查并发布年度中国顾客满意度手册①。

CCSI 包括 6 个结构变量，分别为感知质量、品牌形象，期望质量、感知价值、顾客满意及顾客忠诚，前四个为顾客满意的前因变量，顾客忠诚为结果变量。相比较 ACSI 与 ECSI 而言，CCSI 与其结构变量构成比较相似，但在该结构变量对应的测量变量构成上有较大差异，具体见图 4 - 5 和表 4 - 3。

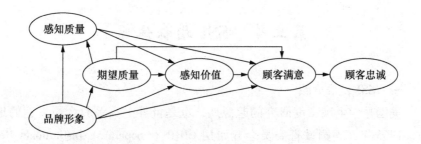

图 4 - 5　中国顾客满意度指数（CCSI）模型

资料来源：刘宇：《顾客满意度测评》，社会科学文献出版社 2003 年版，第 89 页。

表 4 - 3　　　　　　　中国顾客满意度指数（CCSI）构成体系

结构变量	测量变量
品牌形象	品牌总体形象、品牌特征显著度
预期质量	总体预期质量、顾客化预期质量、可靠性质量保证、服务质量预期
感知质量	总体质量感知、顾客化质量感知、可靠性质量感知、服务质量感知
顾客价值	给定质量下的价格、给定价格下的质量
顾客满意	整体满意度、实际绩效满足度、同理想产品或服务比较后的满意度、同其他品牌比较
顾客忠诚	重复购买可能性、保留价格

从发展历程来看，SCSB 是国家开展顾客满意度测评的起源，ASCI 的推行则极大促进了全球范围内顾客满意度评价的发展。目前，SCSB、AS-CI 和 ESCI 是国际上最有影响力的 3 类顾客满意度测评体系。由于面临的

① 中国标准化研究院顾客满意度评测中心：http：//www.ccsi.org.cn/。

国情不同，各国顾客满意度指标测评本身便存在很大差异，如 SCSB 是以预期差异理论为基础进行设计的；美国学者则认为顾客价值对满意度有重要解释，因而构建 ASCI 时加入顾客价值变量；欧洲学者提出公司形象对客户行为有影响，因而欧盟将企业品牌形象加入到顾客满意度指标中。

目前我国并未建立统一的顾客满意度指标体系，近年来相关研究有增多的趋势，但由于数据可得性较低，当前我国在顾客满意度领域的突破性进展较难取得。

第二节　SSI 指标体系

一　SSI 发展介绍

美国是学生满意度研究的起源地，也是世界上高等教育最发达的地方。1966 年，美国教育委员会开始用 CIRP（Cooperative Institutional Research Program）测量新生对高校满意度。20 世纪 60 年代美国 Stephanie L. Juillerat 和 Lauie A. Schreiner 教授在借鉴了顾客满意度理论的基础上进一步提出了学生满意度指标体系的构想，极大地推动了美国满意度测评的发展速度。在两位学者研究的基础上，Noel - Levitz 公司于 1994 年开始使用 SSI 量表（Student Satisfaction Inventory）在全国范围内开展大学生满意度调查，并根据结果编制《全国大学生满意度报告》（National Student Satisfaction Report）。SSI 目前已成为美国最具影响力的评价体系，被广泛运用于学生满意度的测量。

SSI 量表列举的项目涵盖了与学生利益相关的各方面问题。Noel - Levitz 把美国顾客满意度指数模型 ACSI（American Customer Satisfaction Index）中的感知价值、感知质量、顾客期望、顾客抱怨、顾客忠诚之间的关系与顾客满意度之间的关系运用于高等教育，将学生视为高等教育的顾客，认为学生有选择是否接受教育、接受什么样的教育等，可以根据自己的生活经历以及学校期望进行选择。同时，Noel - Levitz 对 SSI 关注的主题也进行了总结，包括影响学生录取的因素，学费数额，学生对于资助及缴费的满意度，员工反馈、公平度、实用性，班级注册过程，校园安全，学生是否感到受欢迎七方面。

传统的满意度一维调查只调查学生对院校经历是否满意这一个方面。

而 SSI 量表是二维的，不仅调查学生对院校经历的满意度，还调查学生对院校经历最看重的方面，最后通过重要性和满意度来确定院校的强优项和挑战项。由于这种调查方法调查了学生认为重要的因素以及学生对这些因素的满意度，为院校提供了优势战略。

SSI 针对不同学校类别、调查规模、调查方式均设置了不同的问卷形式：

根据学校类别的不同，问卷形式可分为三类，分别是四年制院校（Four – year college/university）、社区大学/中专/技术学校（Community/junior/technical college）、两年期在职或私立学校（Two – year or private school）。

根据调查题量的不同，问卷形式分为 A 类别（Form A）与 B 类别（Form B）。

根据调查方式的不同，分为网络调查（Web – based survey）、纸质调查（Paper Survey）。

二 SSI 量表内容

美国学生满意度平均每隔一年进行一次测量，测评对象包括了来自各类高校的约 600000 名学生，目标在于提升各高校办学质量和调整各高校办学方法。目前网站 NOEL LEVITZ 公布的学生满意度调查问卷（Student Satisfaction Inventory）由 Laurie A. Schreiner 与 Stephanie L. Juillerat 在 1994 年定义，包括 12 个指标体系，近 100 个问题。其具体指标如下[①]：

1. 学术咨询效果（academic advising effectiveness）

主要考察高校对学生的学术方面能否提供有效的指导和建议，包括导师和一般指导教师的知识结构、能力和咨询过程中对咨询者的知识、能力、可接近性以及对学生关心的评估对学术咨询项目的综合效果进行评价。另外，考察学术服务，即为实现学生学术目标而提供的服务的评价，包括学习辅导、研究领域、图书馆、计算机实验室等。

2. 校园气氛（campus climate）

主要考察学生对自身高校的自豪感和归属感，是学生与高校交流的一种很有效的渠道。比如：老师是否关心学生的成长、学生通常知道校内发

---

① Noel – Levitz 公司网站：http：//www. noellevitz. com/student – retention – solutions/satisfaction – priorities – assessments/student – satisfaction – inventory/12 – scales。

生的事情、在校园里是互相信任和相互支持的、学生在高校里是受到欢迎的、学生是否有归属感、学生是否可以通过可行的方式表达自己的不满、在社会上高校有一个很好的声誉、新生可以很快地适应高校的环境、学生在校园内是安全的。

3. 高校支持服务（campus support service）

主要评价学生可利用的有效资源所进行的学习经历情况，高校出资支持的计划和为学生服务的质量，包括对学生就业的帮助、学生自我的定位的帮助等一些项目，例如：就业办公室可以提供学生需要的工作信息、学生活动中心环境是否舒适、新生能否很快适应高校的生活、高校可以帮助你决定未来从事的职业等。

4. 对个人的关注情况（concern for the individual）

主要考察高校对每个学生都作为个体关注对待的程度评估，这个指标主要是指老师和高校是否关心学生的成长，评价对象包括在个人层面与学生接触的人群。

5. 教育的效果（instructional effectiveness）

主要考察学生在高校的学术经历、高校课程以及高校对学生所承诺的优势。这个指标较复杂，评价内容主要有教职工的效率、高校能否提供不同的课程、对毕业生的帮助以及导师是否能够及时提供反馈的信息。

6. 招生和经济资助效果（admissions and financial aid effectiveness）

主要考察高校入学方面咨询人员的职业能力，能否有效地吸引和招收学生的方式以及对需要经济资助的同学进行经济资助的有效性和顺利程度。考察的内容包括老师的知识和能力、高校对学生的财政支持和收费问题，大多数学生对于经济的支持认为是很可行的，老师在本领域是学识渊博的。

7. 登记注册效果（registration effectiveness）

主要考察注册报到和其他需要登记的方面。考察内容有个人需要登记帮助、当课程有冲突的时候能够登记课程、图书管理员是很有帮助的、办事处可以在学生有空的时间内开放、课程的变动的政策是可行的。

8. 多元人群反应（responsiveness to diverse population）

主要考察高校对一些特殊学生加入的态度。如高校的规章制度是否对残疾人、在职的学生以及年龄较大回校读书的学生具有制约力。

9. 安全保卫（safety and security）

主要考察学生对高校安全方面的满意程度，指个人的安全、校园应急的设备和人力。内容包括紧急事件中，高校的警卫反应的速度、停车的地方灯光是否充足安全、警卫人员数量是否有效等。

10. 服务情况（service excellence）

主要考察高校工作人员对学生的态度，尤其是辅助教学的教职工，对高校服务质量和对学生的关心程度。内容包括图书管理员能否提供及时有效的帮助以及其他人员对学生的关心程度等。

11. 学生中心（student centeredness）

主要考察高校在各方面所传达的表明学生对他们是很重要的信息。测量高校对学生的态度倾向，学生在高校内是否受欢迎以及是否被认为是有价值的。内容包括管理者对学生是否平易近人、学生对自身高校是否有归属感、高校关于学生个人成长帮助等方面。

12. 学术服务（academic service）

主要考察高校是否能够支持学生达到他们预期的学术目标。这些支持包括图书馆的资源和服务、在校园里是否有足够的自习的地点、计算机实验室是否充足、学术报告活动是否符合学生的需求。

三　SSI 测度方式

SSI 量表中的 70 多个项目经过一系列统计和概念化的研究，被分为了以上 12 个指标体系，每个指标体系都会有一个综合分数，从而可以获得学生对这一类指标的满意水平。在对满意度结果的分析方面，SSI 的测量结果可分为 3 种：重要性、满意度以及绩差（重要性的得分减去满意度的得分）。重要性和满意度的得分从 0 分一直到 7 分。重要性的得分即表示学生对该项因素认可的重要程度，满意度的得分则表明高校满足学生期望的得分，它反映了学生满意度的期望值。各分值分别表示：0 分表示不适用，1 分表示根本不重要（根本不满意），2 分表示不是非常重要的（不满意），3 分表示有些并不重要（有点不满意），4 分表示一般，5 分表示有点重要（有点满意），6 分表示重要（满意），7 分表示非常重要（非常满意）。

结果的分析有两类：

第一类包括四个情况，分别为：高的重要性—低的满意度，高的重要性—高的满意度，低的重要性—低的满意度，低的重要性—高的满意度。

高的重要性—低的满意度表示在此领域是高校的劣势所在，在这些领域高校应该仔细地自检，提出改进的方案和措施；高的重要性—高的满意度表示在此领域是高校的优势所在，这些方面的工作对学生满意度影响程度很高，对提高学生满意度得分起了重要的作用，可以继续发挥其潜在的能力；低的重要性—低的满意度表示在此领域学生的满意度不是很高，但这些因素学生也认为不是很重要，对学生满意度影响也不大；低的重要性—高的满意度表明在此领域的工作高校做得不错，但这些工作对学生满意度影响不大，学生不会因为这些工作做得好而提高学生的满意度，应该继续保持。

第二类是对绩差进行分析：当绩差较大时，表明学生对该项因素不满意，也就是说提供该因素的高校不能满足学生的期望；当绩差较小时，表明高校的该项因素基本能够满足学生的期望；当绩差的数值变为负值时，表明提供该因素的高校已经远远超越了学生的期望。

一般情况下，当两者的绩差大于1.5时，表明高校没有满足学生的期望值；当两者的绩差小于1.5时，表明高校在某些方面与学生的满意是一致的。

四　SSI 的评价

从以上的分析中，可以看出 SSI 的学生满意度的指标和对测量结果的分析具有以下特点：

（1）对于不同类型的高校的评价，采用了不同的指标体系，使可比性能够达成一致。

（2）指标关注内部和外部相结合的原则，这些指标面向各类高校的学生，对高校自检起着促进作用，同时也从侧面对高校的"高校排名评估"起着评估的作用。

（3）测评指标涵盖了高校各层次、各方面的问题，并引入了吸引学生入学的重要条件。

（4）测评的结果将重要性和满意度分开考虑。与一般的评估仅仅打分是不同的，重要性和满意度分别代表了学生对同一问题的两个认识，是一个二维的评测表。该结果使高校充分了解了所面临的问题，对于高校不断地提高教育质量和调整不足之处是有意义的。在美国高校成功必须具备3个因素：重视学生的需求，不断地提高教育的质量，使用学生满意度的数据来调整他们对未来的方向。因此重视学生的满意程度具有重要的意义。

在美国，既有高校开展的学生满意度的内部测量，也有由知名中介开展的学生满意度的外部测量①。美国高校的学生满意度作为学校内部自检的重要方面，美国高校普遍认为，"大学须靠自己的手不断地进行自我评估（或称自我检查）"，"没有自我评估，提高大学水平和进一步充实大学的努力，也就失去了具体性和实践性"。美国学生满意度测量是对学校内部整体实力的综合评价。

美国中介机构、高校对大学生满意度进行分类的测量，比如，印第安纳大学、MAPP（Motivation Appraisal of Personal Potention）学生评估项目，诺埃尔公司（Noel‐Levitz）各机构均设有专门网站介绍各种测量量表的指标体系，指标体系包含的内容广泛和系统，涉及学生学习和生活的各个方面，并且定期公布各学校学生满意度各方面的情况，进行横向比较；同时，还利用多年的学生满意度的数据库进行纵向的比较分析。中介机构的学生满意度评价结果受到人们普遍关注，学生满意度结果成为学校声望的重要因素。因此，外部的学生满意度评价客观上也保证了美国高等教育的管理和质量的提升。

美国学生满意度指标体系反映了以下特色（黄中华，2009）：

（1）测量指标体系注重内部和外部的结合。虽然美国测量量表有多种，如 CIRP、CESQ、NSSE、551 等，对学生满意度测量指标各有不同，但是这些评价指标体系都面向社会，有益于学校调整培养方案，提高教育质量，使学校在竞争中处于领先地位；同样，在学生满意度测量中，学校声誉和学术指导都占有重要的地位，是高校吸引学生入学的重要条件。

（2）测量的内容广泛，涉及高校各个方面，包括：学校的优势、学术地位、物质条件与设备、图书馆、教师队伍的素质及管理、学生入学条件、注册、对学生的指导、研究计划等；同时，也注重学生的心理感受能力，如：学生的归属感、自豪感等。

（3）美国测量指标侧重对学生个人的关注情况。如 指标体系中学校对学生关注程度、不同种族、残疾人群的情况以及安全情况等都体现了对人的重视。美国学生满意度评估指标的初衷是评估高校对学生的吸引力。随后，美国高校学生满意度测量指标将美国顾客满意度指数模型 ACSI（American Customer Satisfaction Index）顾客期望、感知质量、感知值、顾客抱

---

①　杨清：《高校学生教育消费满意度实证研究——以湖北省某高校为例》，硕士学位论文，华中农业大学，2008 年。

怨、顾客忠诚等之间的关系以及顾客满意度之间的关系，引入到学生满意度的评估中，将学生作为高等教育的消费者，注重听取学生的意见。

第三节 CSSI 指标体系

我国的学生满意度测量一般是以学校职能部门自行组织的测量为基础，学校对主管部门给予鼓励和指导。学生满意度测量的对象、方案、结论以及结果应用的政策措施由各校自行决定，因而属于内部测量。为此，这种评估多以保障和提高高校的授课、教学质量为出发点，并且也用来作为评价授课教师的一种手段。

但是，近年来很多学者结合自己的研究提出了关于我国高校教育服务学生满意度测评的指标体系。王国强和沙嘉祥（2002）列举了我国高校学生满意度测量指标的框架，结合高校实际探讨了学生满意测评指标和应用，进一步说明了学生满意度测评是提高学生满意度和教学总体质量的有效方法。他们给出的高校教育服务学生满意度测评的指标体系包括 5 个方面的内容：课程讲授过程、能力训练过程、学校管理过程、师资和学科建设、其他服务方面，具体如表 4 - 4 所示。

表 4 - 4 　　　　　　　　　　高校学生满意度评价指标体系

一级指标	二级指标
课程讲授过程	教学环境、教材、习题、考核、教学内容、教学方式、教师能力
能力训练过程	实习、试验
学校管理过程	学校承诺的兑现、学校重大策划、管理人员素质、规章制度健全与执行、教学经费投入、有关事务评审等
师资和学科建设	名师数量及比例、高职主讲课程比例、学术梯队的状况、新办专业质量保障、教学计划实施、教学改革时间、双语教学的比例
其他服务方面	学生日常行为管理、图书馆使用、体育设施和场地、素质测评、奖惩资助、招生、毕设、升学、就业等的指导、心理咨询、宿舍生活服务、环境条件、校园文化和特色等

资料来源：王国强、沙嘉祥：《高校学生满意测量应用研讨》，《质量学术专刊》2002 年第 12 期。

随后，赵国杰和史小明（2003）采用了美国 1994 年提出的国家顾客满意度指数（ACSI）体系，选择我国高等教育的顾客满意度（CS）作为研究对象，通过问卷调查和层次分析法测度大学生高校教育期望质量。他们认为影响高校学生期望质量的因素有 8 个方面，分别是：教学情况、教师队伍、教材、教学设备、图书馆、后勤保障、自我发展和文娱发展，具体如表 4 - 5 所示。

表 4 - 5　　　　　　　　　　高校学生期望质量评价指标体系

一级指标	二级指标
教学情况	学术活动、学生成绩、课程设计、知识新否
教师队伍	课堂教学水平、教师学术水平
教学用教材	内容方面、新度方面、系统性
教学设施	多媒体教学、实验室实验水平、实习内容、机房服务
图书馆	藏书情况、阅读环境、查阅是否方便、相关服务
后勤保障	住宿条件、治安状况、伙食条件
自我发展	学生组织水平、学生素质提高、专业就业前景、社会实践机会
文娱发展	体育设施、网络状况、文娱活动、影视活动

资料来源：赵国杰、史小明：《对大学生高校教育期望质量测度的初步研究》，《西北农业科技大学学报》（社会科学版）2003 年第 3 期。

嵇小怡和黄小萍（2005）改进了赵国杰和史小明（2003）提出的高校学生期望质量评价指标体系，提出了高校顾客满意度测评的指标体系，论述如何确定满意度指标的权重和进行顾客满意度的计算，对如何利用满意度测评结果进行探讨。他们的指标体系有 6 个一级指标，分别是教学条件、教学状况、教师队伍、后勤保障、文体生活和自我发展，具体见表 4 - 6。

表 4 - 6　　　　　　　　　　高校顾客满意度指标体系

一级指标	二级指标
教学条件	多媒体教师、实验室建设、图书馆、实习基地、机房服务、教室环境
教学状况	课程建设、学术活动、教材使用、教师授课
教师队伍	师资结构、课堂教学水平、教师学术水平

续表

一级指标	二级指标
后勤保障	伙食条件、住宿条件、治安状况、周边环境
文体生活	体育设施、文娱活动、网络情况
自我发展	学生素质提高、就业前景、社会实践机会

资料来源：嵇小怡、黄小萍：《高校教育服务质量满意度测评研究》，《高教发展与评估》2005 年第 7 期。

通过分析表 4 - 4、表 4 - 5 和表 4 - 6，可以看出与前述美国学生满意度测量指标体系相比较，我国学生满意度指标体系有以下特点①：

（1）列举的指标框架比较全面地考虑了学生对教育服务质量的需求，不仅反映了教育服务质量的需求，还反映了高校教学工作水平评估指标中不少观察点，而且体现了"顾客需求结构"理论中功能需求、形式需求、外延需求的内容。例如，以学生对每一门课程的教育服务为例，功能需求体现在主讲内容深浅、新颖、实用与其他课程内容关联、衔接等；在形式需求方面，包括讲课采用方法、提供设施、选用教材是否有名、适当等；外延需求是学生需求的重点，体现在对服务需求的感知，包括教师的态度和技能等。

（2）我国学生满意度评估体系的客观性强，指标比较全面，将教学状况、课程评估纳入了指标体系。当前各国高等教育课程改革的基本趋势是培养宽广的基础理论、文理渗透。因此，设置合理的课程结构显得尤为重要，是提高教育质量的重要途径。

（3）在美国学生满意度的量表中"学术声誉"或是"校誉"都是不可忽视的吸引学生入学的重要条件，但是在我国学生满意度的量表中诸如"学术声誉"此类的指标，因为其难以量化或者是量化不准确，被视为一个较为笼统和抽象的质量指标，并未得到人们真正的重视。诸如：《大学生高校教育期望质量测度的初步研究》虽然也利用 ACSI 模型建立指标，但指标中未反映学术活动，而只作为二级指标出现。在各种大学排名中，"学术声誉"或者"学术地位"也未得到量化。

---

① 曾青霞：《大学生满意度测评体系研究》，硕士学位论文，华中农业大学，2009 年。

第五章 高校教育服务学生满意度评价模型

本章介绍研究高校教育服务学生满意度的常用方法和模型，包括回归分析、因子分析、Logit 模型、Probit 模型、结构方程模型、模糊评价、BP 神经网络、灰色系统模型和物元模型等。

第一节 统计分析方法

下面分别介绍两种研究高校教育服务学生满意度的统计分析方法：回归分析和因子分析方法。

一 回归分析[①]

在统计学和计量经济学中，线性回归（Linear Regression）是利用线性回归方程的最小平方函数对一个或多个自变量和因变量之间关系进行建模的一种回归分析。根据自变量与因变量之间的关系可以分为线性回归和非线性回归两大类，根据自变量的个数可以分为一元线性回归（自变量只有一个）和多元线性回归（自变量个数多于一个）两大类。线性回归通常采用最小二乘法进行估计。给一个随机样本 $(Y_i, X_{i1}, \cdots, X_{ip})$，$i = 1, \cdots, n$ 一个线性回归模型，假设回归因子 Y_i 和回归向量 $X_{i1}, \cdots, X_{ip}$ 之间的关系是除了 X 的影响以外，还有其他的变量存在。本书加入一个误差项 ε_i（也是一个随机变量）来捕获除了 $X_{i1}, \cdots, X_{ip}$ 之外任何对 Y_i 的影响。所以一个多变量线性回归模型表示为以下形式：

$$Y_i = \beta_0 + \beta_1 X_{i1} + \beta_2 X_{i2} + \cdots + \beta_p X_{ip} + \varepsilon_i \qquad i = 1, \cdots, n \qquad (5.1)$$

线性回归一般要满足 6 个经典假设：

---

① 何晓群：《多元统计分析》，中国人民大学出版社 2015 年版。

（1）样本的选取是随机的；

（2）对于解释变量的所有观测值，随机误差有相同的方差；

（3）随机误差项彼此不相关的；

（4）随机误差是一个期望值为零；

（5）随机误差服从正态分布；

（6）自变量之间不存在完全的线性相关。

多元线性回归模型的参数估计同一元线性回归方程一样，也是在要求误差平方和为最小的前提下，用最小二乘法求解参数。在得到参数的最小二乘法的估计值之后，也需要进行必要的检验与评价，以决定模型是否可以应用。需要检验的有：①拟合程度的测定；②估计标准误差；③回归方程的显著性检验；④回归系数的显著性检验；⑤多重共线性判别；⑥D. W. 检验。

线性回归方法的最大特点就是简单易操作，能够直观地反映出各变量对目标变量的影响方向以及程度，并且在众多检验条件下具有一定的可信度。近年来，回归分析在研究高校教育服务学生满意度方面有广泛应用。例如，陈海燕（2011）[①] 利用回归分析方法对高校服务质量、高校品牌形象、价值感知和满意度之间的关系进行检验。将高校品牌形象、服务质量、价值感知这 3 个影响满意度的直接重要因素作为构建满意度模型的指标因素，利用回归模型检验分析这三者与满意度之间是否存在相关性，能否由此建立满意度的多元线性回归模型。

二 因子分析[②]

因子分析最早由英国心理学家 C. E. 斯皮尔曼提出，是指研究从变量群中提取共性因子的统计技术。斯皮尔曼发现学生的各科成绩之间存在着一定的相关性，一科成绩好的学生，往往其他各科成绩也比较好，从而推想是否存在某些潜在的共性因子，或称某些一般智力条件影响着学生的学习成绩。因子分析可在许多变量中找出隐藏的具有代表性的因子。将相同本质的变量归入一个因子，可减少变量的数目，还可检验变量间关系的假设。

因子分析最重要的作用是数据降维，它通过研究众多变量之间的内部

---

① 陈海燕：《硕士研究生对高校服务质量的满意度调查——以 X 大学为例》，硕士学位论文，厦门大学，2011 年。

② 金再温、［美］米勒著：《因子分析：统计方法与应用问题》，叶华译，格致出版社 2012 年版。

依赖关系，探求观测数据中的基本结构，将多个相关性指标转化成几个互不相关且不可观测的随机变量（即因子），以提取原有指标绝大部分信息的统计方法。其主要目的是用来描述隐藏在一组测量到的变量中的一些更基本的，但又无法直接测量到的隐性变量（latent variable，latent factor）。比如，如果要测量学生的学习积极性（motivation），课堂中的积极参与、作业完成情况、课外阅读时间等都可以用来反映学习积极性。而学习成绩可以用期中、期末成绩来反映。在这里，学习积极性与学习成绩是无法直接用一个测度（比如一个问题）准确测量的，它们必须用一组测度方法来测量，然后把测量结果结合起来，才能更准确地来把握。换句话说，这些变量无法直接测量。可以直接测量的可能只是它所反映的一个表征（manifest），或者是它的一部分。在这里，表征与部分是两个不同的概念。表征是由这个隐性变量直接决定的。隐性变量是因，而表征是果，比如学习积极性是课堂参与程度（表征测度）的一个主要决定因素。

因子分析的模型可表示为：

$$X = AF + \varepsilon \tag{5.2}$$

其中 $X = (X_1, X_2, \cdots, X_p)^T$，表示 p 个指标变量；$A = (A_1, A_2, \cdots, A_m)$，表示 $p \times m$ 维的因子载荷阵或旋转的因子载荷阵；$F = (F_1, F_2, \cdots, F_m)^T$，表示提取出的 m 个公共因子；$\varepsilon = (\varepsilon_1, \varepsilon_2, \cdots, \varepsilon_p)^T$，表示 p 个特征因子。并且满足 (1) $m \leq p$；(2) $\mathrm{Cov}(F, \varepsilon) = 0$，即公共因子与特殊因子是不相关的；(3) 各个公共因子不相关且方差为1；(4) 各个特殊因子不相关，方差不要求相等。

因子分析的方法有两类：一类是探索性因子分析；另一类是验证性因子分析。

探索性因子分析不事先假定因子与测度项之间的关系，而让数据"自己说话"。主成分分析是其中的典型方法。比如杨兰芳等的研究[①]，在稳重的前提下，对因子负荷大于 0.35 的变量予以保留，再删去一个项目中因子负荷量有两个大于 0.35 或有两个因子负荷量的差小于 0.1 的变量，以最大变异法（Varimax）作为正交转轴，抽取特征根大于1，进行了三次探索性因子分析，剔除了 13 个题项，剩下 28 个题项，因子载荷在

① 杨兰芳、陈万明、吴庆宪：《高等教育服务质量学生满意度现状及影响因子研究——基于江苏省八所高校本科生的调查分析》，《价值工程》2011 年第 34 期。

0.370—0.791，最后抽取了6个公共因子。

验证性因子分析假定因子与测度项的关系是部分知道的，即哪个测度项对应于哪个因子。比如叶绿波的研究[1]：首先，进行理论研究，主要集中于进行广泛、深入的资料收集和文献阅读、跟踪国际上质量管理、高等教育管理方面的理论研究和实证研究的最新动向，并在此基础上进行分类、比较与分析，寻找能支持本书逻辑框架的理论基础和进行实证分析所需的理论工具。其次，利用深入访谈，对学生评价教育服务质量的具体指标进行探索性研究；根据理论研究和实践经验设计和发放学生服务质量调查问卷，通过对调查结果的统计分析，验证测评体系的合理性和适用性，在验证服务质量维度时采用了验证性因子分析的方法。通过实证研究得到基于学生的教育服务质量测量模型，即教育服务质量分为4个维度——教师服务、后勤服务、生活设施、学习条件，这4个方面是学生评价学校服务质量的重点，为学校提高高校服务质量提供了途径。

具体到本书，在研究高校教育服务学生满意度时，由于影响学生满意度的因素很多，涉及的变量数目多、主观性强、度量的误差较大、因果关系复杂，还很有可能存在严重的共线性，因此采取直接回归的办法效率低，效果不理想。因此，在研究高校教育服务学生满意度时，类似常亚萍等[2]的工作，首先用因子分析法提取公因子，然后再作多元回归分析是一条有效的研究思路。

第二节　计量经济学方法

本节介绍三种常用的计量经济学模型，即 Logit 模型、Probit 模型和结构方程模型。

一　Logit 模型[3]

Logit 模型可以对因变量为二元离散变量的数据建模，一般情况下，

---

① 叶绿波：《基于因子分析的高校教育服务质量测量模型研究》，《中国科技纵横》2011 年第 23 期。

② 常亚萍、姚慧萍、刘艳阳：《独立学院与国立大学学生满意度影响因子的差异研究》，《高教探索》2008 年第 1 期。

③ ［英］布鲁雅著：《logit 与 probit：次序模型和多类别模型》，张卓妮译，格致出版社 2012 年版。

因变量取值为 1 或者 0。Logit 模型是利用标准化分布的累积分布函数（cumulative distribution function，C. D. F）来转换值的，使之介于 0 与 1 之间。模型的表达式为[①]：

$$Y_i = f(X_i, \beta_i, \varepsilon_i)$$
$$= \beta_0 + \beta_1 X_{1i} + \beta_2 X_{2i} + \cdots + \beta_k X_{ki} + \varepsilon_i$$
$$= X_i \beta + \varepsilon_i \qquad (i = 1, 2, \cdots, n) \qquad (5.3)$$

其中，$Y_i = 0$，表明第 i 个学生对高校教育服务不满意，$Y_i = 1$ 则表明第 i 个学生对高校教育服务满意；X_{ki} 是影响第 i 个学生行为的第 k 个解释变量；X_i 是影响第 i 个学生行为的解释向量；β_i 是参数向量；ε_i 是干扰项，服从二项分布 $b[0, p(1-p)]$；另外，P_i 为第 i 个学生有满意行为倾向的概率，即：

$$\begin{cases} P_i = Pro_b(Y_i = 1) \\ 1 - P_i = Pro_b(Y_i = 0) \\ E(Y_i) = 1 \times P_i + 0 \times (1 - P_i) = P_i \end{cases}$$

可将其写成：

$$P_i = \beta_0 + \beta_1 X_{1i} + \beta_2 X_{2i} + \cdots + \beta_k X_{ki} + \varepsilon_i = X_i \beta \qquad (5.4)$$

其中，$P(n \times 1)$ 为学生满意倾向概率向量；$X(n \times k)$ 为影响学生满意行为的解释变量；$(k \times 1)$ 为参数向量。

但是式（5.4）中的值，并不能保证一定落在 0 与 1 之间，因此还需要累积分布函数（cumulative distribution function）转换的值，才能求出介于 0 与 1 之间的满意倾向概率值，故上式可以写成：

$$P_i = F(\beta_0 + \beta_1 X_{1i} + \beta_2 X_{2i} + \cdots + \beta_k X_{ki}) = F(X_{i\beta}) = F(Z_i)$$

又因为

$$F(t) = \frac{1}{1 + e^{-t}}$$

该式可以保证外层函数值处于 [0，1] 区间，合并上式，可得

$$F(i) = \frac{1}{1 + e^{-X_i\beta}} = \frac{1}{1 + e^{-Z_i}} \qquad (5.5)$$

由式（5.5）转换可得

---

① 吴津：《基于 logit 模型的城市家庭住房消费选择研究——以杭州为例》，硕士学位论文，浙江大学，2009 年。

$$\frac{P_i}{1 - P_i} = e^{X_i \beta}$$

对上式两边取对数可得

$$\log\left(\frac{P_i}{1 - P_i}\right) = X_i \beta \tag{5.6}$$

式（5.6）便是 Logit 模型，该模型需要假定是线性函数，其均值为 0 方差为 1 的对数函数，它是单调增函数（monotonic function）。式中的回归系数并不同于一般的回归系数，它并不能直接反映出解释变量变动一单位使得学生满意倾向概率变动的单位数，而它表示解释变量的变动对累积 Logistic 分布反函数的影响。

$$F^{-1}(P_i) = \log it\left(\frac{P_i}{1 - P_i}\right) = \beta_0 + \beta_1 X_{1i} + \beta_2 X_{2i} + \cdots + \beta_k X_{ki} \tag{5.7}$$

而其概率的变动与解释变量及回归系数的函数密切相关。它可表示为：

$$\frac{\mathrm{d}P_i}{\mathrm{d}X_{ki}} = f(X_i \beta) \times \beta_k = \frac{e^{-X_i \beta}}{(1 + e^{-X_i \beta})^2} \times \beta_k = \beta_k \times P_i(1 - P_i) \tag{5.8}$$

Logit 模型作为更为复杂的二值响应模型，克服了预测值不合理的问题，但是该模型使得方程的估计难度增加。Logit 模型采用极大似然估计法估计模型的参数，回归系数的显著性检验采用 Wald 统计量，模型拟合度采用 HL（Homeerand Lemeshow）检验，用 -2Log likelihood、Cox&Snell R2、Nagekerke R2 等系数表征。

二　Probit 模型

Probit 模型[1]也是对二元离散现象进行数量分析时常用的模型工具。例如与 Logit 相同，考察学生对高校教育服务的满意度，结果为满意和不满意两种，同时，一些诸如高校教师资质、硬件设施、后勤保障等因素能够解释决策结果，于是有

$$Prob(Y = 1 \mid x) = F(x, \beta)$$
$$Prob(Y = 0 \mid x) = 1 - F(x, \beta) \tag{5.9}$$

这里参数 β 反映了 x 的变化对概率的影响。例如，在所有因素中，本书感兴趣的是教师资质对满意度概率的影响。此时，问题就转化为如何为

---

[1] ［英］布鲁雅著：《logit 与 probit：次序模型和多类别模型》，张卓妮译，格致出版社 2012 年版。

方程的右边变量构造恰当的模型。一种可能是，继续运用所熟悉的线性回归方法，即[①]

$$F(x, \beta) = x'\beta$$

由于 $E[y|x] = F(x, \beta)$，所以可以构造回归模型

$$y = E[y|x] + (y - E[y|x]) = x'\beta + \varepsilon$$

但这个线性概率模型存在许多缺陷。由于 ε 与 β 存在异方差性，所以模型的估计会有点复杂。因为 $x'\beta + \varepsilon$ 必须等于 0 或 1，相应地，分别依概率 $-x'\beta$ 和 $1-x'\beta$ 等于 $1-F$ 或 F。因此，可以很容易地证明

$$Var[\varepsilon|x] = x'\beta(1 - x'\beta) \tag{5.10}$$

这里，不能把 $x'\beta$ 限定在 $[0, 1]$ 区间内。这样模型会得到一个没有意义的概率和负方差。考虑上述因素，除非线性模型可以与其他更合适的模型进行比较，否则就尽量不使用。

于是，需要一个可以使得模型的预测值与 $Prob$（事件 j 发生）$= Prob(Y = j) = F$［相关影响，参数］相一致的模型。对一个给定的回归元向量，预期

$$\lim_{x'\beta \to +\infty} Prob(Y = 1|x) = 1$$

$$\lim_{x'\beta \to -\infty} Prob(Y = 1|x) = 0$$

原则上，任何一个定义在实数数轴上的连续概率分布都满足这些要求。许多分析中使用了正态分布，这就产生了 Probit 模型

$$Prob(Y = 1|x) = \int_{(-\infty)}^{(x'\beta)} \varphi(t)\,\mathrm{d}t = \phi(x'\beta) \tag{5.11}$$

其中，$\phi(.)$ 函数常用来表示标准正态分布。

现在考虑高校教育服务满意度调查，具体引入过程是：

（1）数据整理。

将调查问卷中的问题设置为变量 X_1，X_2，K，X_p，将问卷结果进行数据整理得到 n 个学生的问卷结果数据：

$$\begin{bmatrix} X_{11}, & X_{12}, & K, & X_{1p} \\ X_{21}, & X_{22}, & K, & X_{2p} \\ L, & L, & L, & L \\ X_{n1}, & X_{n2}, & K, & X_{np} \end{bmatrix}。$$

（2）计算相关系数判断相关性强弱。

---

① 格林著：《计量经济分析》（第六版），张成思译，中国人民大学出版社 2010 年版。

对这些变量求解相关系数矩阵 $\rho = \begin{bmatrix} \rho_{11}, & \rho_{12}, & K, & \rho_{1p} \\ \rho_{21}, & \rho_{22}, & K, & \rho_{2p} \\ L, & L, & L, & L \\ \rho_{p1}, & \rho_{p2}, & K, & \rho_{pp} \end{bmatrix}$，观察 ρ 值的大

小，其绝对值是否接近 1，进而判断 X_1，X_2，K，X_p 是否具有很强的相关性。

（3）运用因子分析（或主成分分析）得到影响满意度的主要因素。

若存在强的相关性，则运用 KMO 检验和 Bartlett's 检验 X_1，X_2，K，X_p 是否能够进行因子分析。若能够进行因子分析，将 X_1，X_2，K，X_p 降维为公因子 F_1，F_2，K，$F_m(m < n)$：[1]

$$\begin{cases} X_1 = a_{11}F_1 + a_{12}F_2 + a_{13}F_3 + L + a_{1m}F_m + \varepsilon_1 \\ X_2 = a_{21}F_1 + a_{22}F_2 + a_{23}F_3 + L + a_{2m}F_m + \varepsilon_2 \\ M \\ X_p = a_{p1}F_1 + a_{p2}F_2 + a_{p3}F_3 + L + a_{pm}F_m + \varepsilon_p \end{cases}$$

若不能进行因子分析，则选择主成分分析，从 X_1，X_2，K，X_p 中提取主成分 f_1，f_2，K，f_m：

$$\begin{cases} f_1 = a_{11}X_1 + a_{12}X_{23} + L + a_{1p}X_p \\ f_2 = a_{21}X_1 + a_{22}X_2 + L + a_{2p}X_p \\ \dots \\ f_p = a_{m1}X_1 + a_{m2}X_2 + L + a_{mp}X_p \end{cases}$$

其中，公因子 F_1，F_2，K，F_m（主成分 f_1，f_2，K，f_m）是影响学生对教育服务满意度的重要因素，可根据 F_1，F_2，K，F_m 与 X_1，X_2，K，X_p 的关系为公因子命名。

（4）因子得分（或主成分得分）f_1，f_2，K，f_m 构造 Probit 模型，得到各主要影响因素的系数，作为衡量主要影响因素的重要性的权重。

利用因子得分 F_1，F_2，K，F_m（或主成分得分 f_1，f_2，K，f_m）及总评分构造 Probit 模型。由于该模型的结果是介于 0 和 1 之间的数值，所以可以看成对满意度的量化。在建模过程中可以采用逐步回归方法逐步引入重要变量，排除不重要变量。

---

[1] 何晓群：《多元统计分析》，中国人民大学出版社 2008 年版。

Probit 模型：$y_i^* = \beta^T F_i + \mu_i$[①]

$$y_i = \begin{cases} 1, & if \ y_i^* > 0 \\ 0, & if \ y_i^* \leqslant 0 \end{cases}$$

$y_i^* > 0 \Rightarrow \beta^T F_i + \mu_i > 0 \Rightarrow \mu_i > -\beta^T F_i$

$Pr(y_i^* > 0 \mid F_i) = Pr(y_i = 1 \mid F_i) = Pr(\mu_i > -\beta^T F_i) = Pr$

$\left(\dfrac{\mu_i}{\sigma} > -\dfrac{\beta^T F_i}{\sigma} \right)$，由于 $\mu_i \sim N(0, \sigma^2)$，所以

$$Pr(y_i = 1 \mid F_i) = 1\phi - \left[\frac{\beta^T F_i}{\sigma} \right] = \left[\frac{\beta^T F_i}{\sigma} \right] = \frac{1}{\sqrt{2\pi}} \int_{(-\infty)}^{\frac{\beta T F_i}{\sigma}} \exp\left(-\frac{\mu^2}{2} \right) \mathrm{d}\mu$$

同样，$Pr(y_i = 0 \mid F_i) = 1 - \phi \dfrac{\beta^T F_i}{\sigma}$　　　　　　　(5.12)

模型中的参数 $\beta^T = \beta_1, \beta_2, L, \beta_m$ 因子得分 F_1, F_2, K, F_m（或主成分得分 f_1, f_2, K, f_m）的系数，反映了影响学生满意度的各因素的重要程度。

（5）计算总体满意度指数。

计算 n 个学生的满意度得分，求平均数 $\bar{y} = \dfrac{1}{n} \sum\limits_{i=1}^{n} y_i$，可作为该校的总体满意度指数。

（6）构造重要性与满意度的二维分析表[②]。

根据计算出的各因素的重要程度、各因素的满意得分可以构建二维分析表，进而对各因素的现实发展提供合理化建议，如图 5-1 所示。

重要程度	低	中	高
高	需要高度重视，集中力量马上改进和加强	需要重视，采取措施加以改进	学校优势所在，需要巩固和加强
中	需要重视，如竞争对手优势明显，则需马上改正	维持现状或视竞争对手而定	是学校的优势，但只需维持现状
低	维持现状	维持现状，资源短缺时可适当降低	资源浪费，可以降低标准

图 5-1　重要程度与满意得分的二维分析

① 何晓群、刘文卿：《应用回归分析》，中国人民大学出版社 2007 年版。
② 刘保相、周丽晖：《基于因子分析的 Probit 模型的高校教育服务学生满意度模型的设计》，《浙江交通职业技术学院学报》2010 年第 11 卷第 4 期。

三 结构方程模型

结构方程模型[①]（Structural Equation Model，SEM）是社会科学研究中一个比较常用也非常好用的方法。SEM 在 20 世纪 80 年代在国际上已经达到了成熟水平，但是并没有在国内得到关注和广泛应用。

在经济、管理等社会科学研究领域，处理多个原因、多个结果之间的相互关系是一个比较常见的问题，有时甚至还会遇到潜变量（不可直接观测变量）等一系列的问题。遗憾的是，传统的统计方法并没有提供一个解决这类问题的方案。SEM 弥补了传统统计方法的不足，是一种基于变量的协方差来分析变量之间关系的统计方法，是分析多元数据的重要工具，在社会学、教育学、心理学等领域应用十分广泛。

潜变量（latent variable）即在社会、教育、心理研究中涉及但都不能准确、直接地测量，在结构方程模型中称为结构变量，例如智力、学习动机、家庭社会经济地位等。这种情况下，通常退而求其次，用一些外显指标，也称为观测变量（observable indicators）去间接测量这些潜变量。例如，以学生父母教育程度、父母职业及其收入（共 6 个变量）作为学生家庭社会经济地位（潜变量）的指标，以学生语文、数学、英语三科成绩（外显指标），作为学生学业成就（潜变量）的指标。

结构方程模型可分为结构方程（structural equation）和测量方程（measurement equation）两部分。测量方程描述潜变量和指标（观测变量）之间的关系，如家庭收入等指标与社会经济地位的关系、三科成绩与学业成就的关系。结构方程则描述潜变量（结构变量）之间的关系，如社会经济地位与学业成就的关系。

观测变量含有随机误差和系统误差，但潜变量（结构变量）则不含这些误差。

（1）测量模型：

$$x = \Lambda_x \xi + \delta，y = \Lambda_y \eta + \varepsilon \tag{5.13}$$

其中，x 为外生观测变量组成的向量；y 为内生观测变量组成的向量；Λ_x 是外生观测变量在外生潜变量上的因子负荷矩阵；Λ_y 是内生观测变量在内生潜变量上的因子负荷矩阵；δ 是外生观测变量 x 的误差项；ε 是内生观测变量 y 的误差项。

---

① 易丹辉：《结构方程模型：方法与应用》，中国人民大学出版社 2008 年版。

（2）结构方程：

$$\eta = B\eta + \varGamma\xi + \zeta \tag{5.14}$$

其中，η 为内生潜变量；ξ 为外生潜变量；B 是内生潜变量间的关系；$\varGamma$ 是外生潜变量之间的关系；ζ 为结构方程的残差项，反映了 η 在方程中未能被解释的部分。

潜变量之间的关系即结构模型是研究的重点，所以整个分析也称为结构方程模型。

与传统的统计方法相比，线性相关分析只能分析出两个具有平等地位的随机变量之间的统计联系，无法区分自变量与因变量之间的差别，不能用于分析单指标和总体之间的因果关系。线性回归分析虽然可以在自身模型中定义自变量和因变量的差别，但是只能提供一种直接的效应，并不能应用于可能存在的间接效应的分析，并且由于通常存在共线性等多种问题，会出现单项指标与总体负相关等与现实不符而无法解释的数据分析结果。相比之下，结构方程模型则是一种因果关系分析模型。在模型中，既可以加入可直接测量的变量，也可以加入无法直接测量的潜变量，通过途径分析、因子分析、协方差分析、替代多重回归等方法，测量单项指标对总体的影响作用以及各单项指标之间的相互关系。

结构方程模型主要是一种验证性技术，而不是一种探测性技术。在实际研究中，要根据具体研究问题设定一个概念模型。然后通过数据收集，进行模型拟合，而当模型拟合效果不好，或者不能通过检验时，可能的情况是模型设定不准确，此时就需要对模型进行修正。通常来讲，结构方程模型的分析流程如图5-2所示。

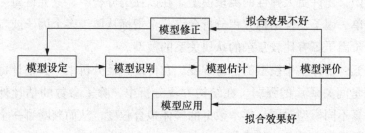

图5-2　结构方程模型分析流程

资料来源：李飞：《基于结构方程模型（SEM）的高校教育服务满意度研究》，硕士学位论文，天津大学，2009年。

模型设定——这是建立结构方程模型的第一步，可以通过路径图把构建的模型及变量之间的关系清晰地描述出来。

模型识别——模型中的每一个未知参数都可以由观测数据求得唯一解，或者说在建模过程中有足够方程式保证每一个参数都是有解的。

模型估计——这是求解模型各个参数的过程。结构方程模型采用的参数估计方法基本原理是使样本协方差估计值与模型拟合协方差值之间的差异最小化。常用的估计方法是极大似然估计（Maximum Likelihood）和广义最小二乘法（General Least Squared）。

模型评价——当模型重建的协方差矩阵非常接近样本协方差矩阵时，残差矩阵接近于零，此时可以认为模型达到了满意的拟合。常用的拟合检验指标为 X^2 检验。

综上，结构方程模型的优势可以概括为：

第一，同时处理多个因变量。传统同归分析是对每个因变量逐一计算，在计算对某一个因变量的影响或关系时，都忽略了多变量间的相关性。而结构方程模型则可以同时处理多个因变量，同时考虑多个因变量之间的相互影响，有效地弥补了回归分析的缺陷。

第二，允许自变量和因变量含测量误差。回归分析或路径分析仅允许因变量有误差，而自变量则设为确定的；而结构方程分析允许自变量和因变量均含有测量误差，且变量也可以用多个指标测量。

第三，同时估计因子结构和因子关系。在结构方程分析中，计算潜变量和测量指标的因子得分与计算潜变量之间的相关系数同时进行，即因子与指标之间的关系和因子与因子之间的关系同时考虑。

第四，允许更大弹性的测量模型。在以往的分析中，只允许每一指标从属于单一因子，但结构方程分析允许一个指标从属于多个因子或者考虑误差高阶因子等有比较复杂的从属关系的模型。

第五，估计整个模型的拟合程度。在传统路径分析中，只估计每一路径（变量间关系）的强弱。在结构方程分析中，除了参数的估计外，还可以计算不同模型对同一样本数据的整体拟合程度，从而判断哪一个模型更接近数据真实呈现的关系[1]。

将结构方程模型应用到高校教育服务学生满意度，可以设置显变量如

---

① 石军霞：《高校学生满意度调查研究》，硕士学位论文，苏州大学，2008 年。

下（张运，2014）：从学校形象、学生期望、质量感知、价值感知、学生满意、学生忠诚与学生抱怨 7 个结构变量构建高校教育服务学生满意度理论评估模型。学校形象包括对学校声誉的满意度与对校园环境的满意度两个显变量；学生期望包括入学前对后勤服务的满意度、对教学改革的满意度、对教学条件的满意度、对师资队伍的满意度与对个性发展的满意度 5 个显变量；质量感知包括入学后对后勤服务的满意度、对教学改革的满意度、对教学条件的满意度、对师资队伍的满意度与对个性发展的满意度 5 个显变量；价值感知则从相对于付出的成本，对教育服务的满意度以及相对于获得的服务，对付出成本的满意度两个方面去测度；学生满意包括总体满意度、与自己预期水平相比的满意以及与自己理想水平相比的满意度 3 个方面；学生忠诚包括向其他人推荐学校的意愿、重回学校学习的意愿与工作后资助学校的意愿 3 个显变量；学生抱怨从抱怨的频率、对学校处理抱怨的信心与通过正式渠道投诉的频率等 3 个方面衡量。整理相关路径系数结果，即可以分析各潜变量之间的效应关系，继而得出影响学生满意度最为关键的因素。

第三节　系统工程模型

本节介绍 4 种常用的系统工程模型，即模糊评价、BP 神经网络、灰色系统模型和物元模型。

一　模糊综合评价

模糊综合评价法[1][2]主要针对难以直接用准确数字进行量化的评价问题，是一种较科学和很有价值的研究方法。此方法的基本原理是对原本仅具有模糊和非定量化特征的因素，经过数学处理，使其具有某种量化的表达形式，从而为决策者提供可以进行比较和判别的依据，提高决策的科学性。而影响高等教育服务的因素也没有明确的外延边界，因而具有很大的"模糊性"，故可用模糊综合评价法来建立评价模型[3]。

---

[1]　朱红、张克军、齐正欣：《社会科学评价方法的实践与应用》，天津大学出版社 2009 年版。

[2]　王禄超：《模糊综合评判法在评标中的应用研究》，《建筑技术开发》2005 年第 2 期。

[3]　廖浩然、田汉族：《高等教育服务质量模糊综合评价法初探》，《河北师范大学学报》（教育科学版）2008 年第 10 卷第 5 期。

模糊综合评价方法来源于模糊数学[①]，模糊数学把数学的应用范围从精确现象扩展到模糊现象，吸取了人脑识别和判断问题的模糊特点，利用隶属程度来描述差异的中介过渡状态，为处理带有模糊性（模糊概念、模糊信息、人的经验、偏好和信念）的决策问题提供了有实用价值的手段。下面介绍模糊综合评价的基本原理。

设学生满意度有 n 个影响因子，由 n 个因子构成评价因子集 u，则 $u = \{u_1, u_2, \cdots, u_n\}$，通常各个因子的权重程度不一样，因此，对每个因子 u_i 赋予一个相应的权重 a_i 构成权重集：

$$A = (a_1, a_2, \cdots, a_n)$$

且 $\sum_{i=1}^{n} a_i = 1, a_i \geqslant 0$

又设 m 个评价等级构成普通评价集：

$$V = \{V_1, V_2, \cdots, V_m\}$$

元素 $V_j(j = 1, 2, \cdots, m)$ 是各种可能的评价结果，可以是模糊的，也可以是明确的，但它们相对于 V 关系是明确的。

从一个因子出发进行评价，以确定评价对象对评价集元素的隶属程度，称为单因子模糊评价。对第 i 个因子评价的结果称为单因子模糊评价集，它是 V 上的一个模糊子集：

$$R_i = (r_{i1}, r_{i2}, \cdots, r_{im})$$

那么将各单因子评价集作为行，可得到单因子评价矩阵：

$$R = \begin{bmatrix} r_{11} & \cdots & r_{1m} \\ \vdots & \ddots & \vdots \\ r_{n1} & \cdots & r_{nm} \end{bmatrix}$$

单因子模糊评价仅能反映一个因子对评价对象的影响，不能反映所有因子的综合影响。所以，必须综合考虑所有因子的影响，单因素模糊评价即可表示为：

$$B = A \circ R = (a_1, a_2, \cdots, a_n) \begin{bmatrix} r_{11} & \cdots & r_{1m} \\ \vdots & \ddots & \vdots \\ r_{n1} & \cdots & r_{nm} \end{bmatrix} = (b_1, b_2, \cdots, b_n)$$

---

① 史聆聆、鞠美庭、李智、陈敏：《模糊数学法在区域环境影响评价中的应用研究》，中国科技论文在线，2005 年。

$$b_i = \bigvee_{i=1}^{n} (a_i \wedge r_{ij}), j = 1, 2, \cdots, m$$

上式中，"∧"、"∨"分别为"取小"算子，"取大"算子。

设学生满意度有 L 个影响因素，由其构成总体学生满意度综合评价因素集 U，$U = \{U_1, U_2, \cdots, U_n\}$，$L$ 个学生满意度因素的权重 $X = (X_1, X_2, \cdots, X_L)$，若确定了模糊矩阵 R，于是总体学生满意度模糊综合评价模型为：

$$Y = X°R = (Y_1, Y_2, \cdots, Y_m)$$

上式中，Y 为学生满意度综合评价结果；X 为因素权重集；°为复合运算符号；R 是由单因素综合评价结果构成的总体综合评价模糊矩阵；如果有 L 个影响因素，应分别对单个因素进行模糊综合评价后，由 L 组模糊综合评价结果组成。

模糊综合评价对于进行高校教育服务满意度评价十分重要。由于从学生的期望和感知的角度来评价高等教育服务质量涉及人的心理活动，导致具体评价过程中存在许多模糊因素，如果忽视了这种模糊性，进行统计的原始数据的真实性将会存在很大的问题。如果用清晰等级来划分学生的实际感受，这和学生心理活动的实际情况是存在很大差异的。因此，在获取实测数据时，必须考虑学生心理感知的模糊性，避免等级的清晰划分和界点两侧的跃变，要承认等级之间的中介过渡和亦此亦彼性，这就必须借助模糊综合评价的方法予以处理[①]。

高校教育服务满意度评价越来越受到人们广泛的关注，但是现有的评价标准并不统一，而且在我国对高校教育满意度评价多数存在于理论上的研究。刘恩允（2004）[②] 从高等学校教学质量评价观念、运行机制、指标体系、评价制度、评价机构、评价人员等角度对高等教育质量评价体系进行了理论分析。林森、白世国（2004）[③] 的实证研究提出高师院校学生评价教师教学质量指标体系以及区分教师教学质量的 5 个维度：教师的教学技能、学识、风格、人格特征、师生关系，但是他们的研究更倾向于教师教学能力的评价，而不是师生互动过程中的高等教育服务质量的评价。这

---

① 岑咏霆：《模糊质量管理学》，贵州科技出版社 1995 年版。
② 刘恩允：《高等学校教学质量评价体系构建的思考》，《黑龙江高教研究》2004 年第 3 期。
③ 林森、白世国：《高师院校学生评价教师教学质量指标体系的研究》，《现代教育科学》2004 年第 3 期。

些相关研究都在一定程度上开始关注高等教育服务质量评价，但没有提出评价指标体系和定量分析，缺乏可操作性。马万民（2005）参照美国著名管理学家 A. Parasuraman 的 SERVQUAL 评价模型的 5 个属性、21 个条目以及我国高等教育服务现状，提出了高等教育服务质量 SERVQUAL 模型，根据该模型采集高等教育服务质量评价的有关数据，定量地研究服务质量。胡子祥与马万民的研究局限于高等教育最基本的顾客——学生，而对其他利益相关者如国家、社会、高校本身等未予以足够的关注，忽略了他们对高等教育服务质量的感知和评价。廖浩然和田汉族（2008）[①] 对高等教育服务质量模糊综合评价法进行了初探。他们认为：模糊综合评价是一种新的高等教育服务质量评价方法，具有多元性、差异性、全面性、发展性、模糊性等特征。它将定性和定量评价、过程评价和结果评价结合起来，体现了现代高等教育质量评价的时代需要，是对现有高等教育质量评价的一种超越，对提高高等教育质量具有重要的现实意义。他们从高等教育服务质量模糊综合评价法的实践基础和理论背景出发，分析高等教育服务质量模糊评价的指标体系及统计方法。

二 BP 神经网络

BP 神经网络方法[②]是一种非线性映射方法，是目前最成熟、应用最广泛的一种神经网络。它不带有明显的主观成分和人为因素，因此具有较高的可靠性，评价结果也更加真实有效。

BP 网络的结构是一种具有三层或三层以上的神经网络，包括输入层、隐含层、输出层，上下层之间实现全连接，而每层神经元之间无连接。

BP 网络输入与输出关系是一个高度非线性映射关系，如果输入结点数为 m，输出结点数为 n，则 BP 网络是从 m 维欧氏空间到 n 维欧氏空间的映射[③]。因此，首先归一化处理用于对教学质量进行评价的各指标属性值，把其作为输入向量输入 BP 神经网络模型，用评价结果做输出向量，在训练网络时使用足够多的样本，使其对专家的经验知识以及对指标权重的判断进行自适应学习，这样 BP 神经网络模型自动调整权系数值直至其达到准确的知识内部表示，然后把准备进行教学质量评价的各指标的属性

---

① 廖浩然、田汉族：《高等教育服务质量模糊综合评价法初探》，《河北师范大学学报》（教育科学版）2008 年第 10 卷第 5 期。

② ［加拿大］海金著：《神经网络与机器学习》，机械工业出版社 2011 年版。

③ 傅莉：《人工智能在教育中的应用研究》，《计算机与数字工程》2012 年第 12 期。

值输入已经训练好的 BP 神经网络模型中，就能得到对教学质量的评价结果，再现专家的经验知识而避免了专家评价的主观性，为教学质量评价的客观性提供了保证[1]。

基于三层 BP 神经网络的学生满意度评价模型的原理是[2]：把用来描述学生满意度评价的信息作为神经网络的输入向量，将代表相应学生满意度评价的量值作为神经网络的输出向量；然后训练网络，使不同的输入向量得到相应的期望输出向量。这样，神经网络所持有的连接权重、阈值便是网络经过自适应学习所得到的正确的内部表示，训练后的连接权重、阈值及准则经过网络储存后便可用来作为对同类型学生满意度水平进行评估的判别准则。

BP 网络学习过程的算法步骤包括：

（1）用随机数（一般介于 0 和 1 之间）初始化权值和阈值，确定各层节点个数；

（2）输入经预处理的样本和相应的输出，对其进行学习；

（3）计算实际的输出及隐含层神经元的输出；

（4）计算实际输出与期望输出的差值，求输出层及隐含层的误差；

（5）根据误差进行反向传播，修正权值；

（6）求误差函数，当误差值小于给定拟合误差时，网络学习结束；否则，转向步骤继续学习。

对于 BP 网络进行训练时，首先要提供一组训练样本，每个样本由输入样本和理想输出对组成。当网络的所有实际输出与理想输出一致时，表明训练结束，否则通过修改权值使网络的理想输出和实际输出一致。为减少靠近边界处噪声造成网络的错误判断，在设计训练组时要选用较多的训练样本。下面根据网络的配置要求和该研究的特点对网络的层数、输入层、隐含层、输出层节点数进行确定。

（一）网络层数的确定

Kolmogrov 理论证明，若网络的中间层节点数可任意选择，那么用含 Sigmoid 神经元的三层网络可以任意精度逼近任何连续函数。因此，本书

---

① 刘春玲、张焕生、郝国芬：《BP 神经网络在教学评价中的应用》，《煤炭技术》2012 年第 31 卷第 5 期。

② 李杨、余嘉元、王元元：《员工满意度评价方法研究——基于 BP 神经网络》，《技术经济与管理研究》2012 年第 2 期。

选用三层 BP 神经网络，即由一个输入层、一个中间隐含层和一个输出层组成。

（二）输入节点数的确定

网络输入全面描述了学生满意度的指标。因此，不同的学生满意度的指标体系对应不同的网络模型，也形成不同的输入节点数，输入节点数等于满意度的指标数。

（三）隐含层节点数的确定

隐含层的神经元数目选择是一个十分复杂的问题，往往需要根据设计者的经验和多次试验来确定。隐含层的数目与问题的要求输入和输出单元的数目有着直接的关系。隐含层节点数的确定公式为：

$$m = \sqrt{(N+L)} + a \tag{5.15}$$

其中，N 为输入层节点数，L 为输出层节点数，a 为 1—10 之间的常数。

（四）输出层节点数的确定

该网络的输出结果只有一个指标，即对学生满意度的综合评价值，这里用 P 表示。分别用数字代替（1 表示低；2 表示较低；3 表示一般；4 表示较高；5 表示高），相应的标度见表 5 – 1。

表 5 – 1　　　　　　　　　　学生满意度评价情况表

学生满意度评价值	$0 \leqslant P < 0.2$	$0.2 \leqslant P < 0.4$	$0.4 \leqslant P < 0.6$	$0.6 \leqslant P < 0.8$	$0.8 \leqslant P < 1$
学生满意度状况	低	较低	一般	较高	高

孙晓玲、王宁、梁艳（2010）[1] 利用模糊评判结果训练的三层 BP 神经网络精确地模拟模糊评判的结果，同时又具有比模糊评判更强的非线性映射功能。基于 BP 神经网络构造的综合评判模型使模糊评判具有了自学能力，模型具有比模糊评判模型更开放、更灵活的特点，可以有效地克服传统评价方法中的缺陷，弱化传统评价方法中指标权重的人为影响因素，

---

[1]　孙晓玲、王宁、梁艳：《应用 BP 神经网络的教学评价模型及仿真》，《计算机仿真》2010 年第 27 卷第 11 期。

不仅可行而且精度较高。随着软件技术的发展，利用 MatLab 的神经网络工具箱来建立、训练并分析神经网络使得神经网络的应用更加便利，实用性更强。研究结果不仅可以用于教学质量的评价，也可以用于其他复杂非线性映射的建模，具有较广泛的实用性。刘春玲、张焕生、郝国芬（2012）[1] 利用 BP 神经网络的自适应和自学习原理用于教学质量评价，提出了基于神经网络的教学质量评价模型结构，以及改进的 BP 网络学习算法，并利用 MATLAB 系统加以实现。通过 BP 神经网络的教学质量评价模型的建立、BP 神经网络学习算法以及运用 MATLAB 教学质量评价神经网络模型的实现，表明把 BP 神经网络用于教学质量评价是可行的，是具有适用性的，它可以避免专家评价过程中的主观性，为高校教学质量评价提供了一种新的思路和方法。由此可见，运用 BP 神经网络进行高校教育服务满意度评价是可行的，并且具有一定的优势。笔者[2]借鉴顾客满意度及服务质量相关的经济学和市场营销理论，构建和完善了一个基于 BP 神经网络的高等教育服务评价体系，以 2012 年收集的北京 16 所高校的高等教育服务满意度调查问卷结果汇总的部分样本为例讨论评价体系的相关应用方法，并根据满意度理论和评价体系提出高校应用高等教育服务满意度评价模型的相关政策建议。

三　灰色系统模型

灰色系统理论[3]由邓聚龙（1982）首次提出，目前在很多领域中得到了广泛的应用。灰色系统理论把客观系统分为：信息完全已知的系统——白色系统，信息完全未知的系统——黑色系统，以及信息部分已知、部分未知的系统——灰色系统。在处理技术上，灰色过程是通过对原始数据的整理来找数的规律的，而其他的一些处理方法则是按统计规律和先验规律来处理数据的。按统计规律和先验规律处理数据的方法是建立在大样本量的基础上，而且要求数据规律是典型的规律，而对于非典型的规律（如非平稳、非高斯分布、非白噪声），则是难以处理的。而灰色过程却没有这样限制，灰色模型通常只需 4 个以上的数据就可以建立，而且不必知道

① 刘春玲、张焕生、郝国芬：《BP 神经网络在教学评价中的应用》，《煤炭技术》2012 年第 31 卷第 5 期。

② 王灯山、张广涛、刘金芳、付瑶：《基于 BP 神经网络的高等教育服务满意度评价研究》，《教育教学论坛》2014 年第 44 期。

③ 刘思峰、谢乃明：《灰色系统理论及其应用》，科学出版社 2013 年版。

原始数据具有的先验特征。

常用的灰色系统生成方式有累加生成、累减生成、均值生成、级比生成等，使用最为广泛的灰色系统模型为 GM(1, 1) 模型。GM(1, 1) 模型是对离散序列建立的一阶微分方程模型，其形式为：

$$\frac{\mathrm{d}x}{\mathrm{d}t} + ax = u \tag{5.16}$$

其中，a，u 是待估参数。

下面介绍 GM(1, 1) 模型的具体模型及其计算公式。

设非负原始序列

$$X^{(0)} = \{x^{(0)}(1), x^{(0)}(2), \cdots, x^{(0)}(n)\}$$

对其做一次累加，得到生成序列为

$$X^{(1)} = \{x^{(1)}(1), x^{(1)}(2), \cdots, x^{(1)}(n)\}$$

其中，$x^{(1)}(k) = \sum_{i=1}^{k} x^{(0)}(i)$

$x^{(1)}(k)$ 的 GM(1, 1) 模型白化形式的微分方程为：

$$\frac{\mathrm{d}x^{(1)}}{\mathrm{d}t} + ax^{(1)} = u$$

将上式离散化，即得：

$$\Delta^{(1)}(x^{(1)}(k+1)) + az^{(1)}(k+1) = u$$

通过展开变化，得到 GM(1, 1) 模型的具体计算公式为：

$$x^{(0)}(k+1) = x^{(1)}(k+1) - x^{(1)}(k) = (1 - e^a)\left[x^{(1)} - \frac{u}{a}\right]e^{-ak} \tag{5.17}$$

GM(1, 1) 模型通常用最小二乘法进行求解。

具体进行基于灰色系统的高校教育服务满意度计算，首先需要确定研究指标，如教师的教学技能、学识、风格、人格特征、师生关系等；再利用灰色系统模型计算 4 步骤——感知值确定、无量纲化、关联系数计算、高校教育服务满意度计算得出满意度结果。模型计算具体步骤如下：

感知值确定：首先可以选择进行问卷调查获得感知因子相应的感知数据。然后通过加权平均的方法对感知质量进行处理，$S = \sum_{i=1}^{n} i \cdot P_i$。其中 S 为感知值；P_i 为给感知因子打 i 分的人数比例。$i = 1, 2, \cdots, n$ 为感知因子分数。

无量纲化：在一般情况下，原始变量序列具有不同的量纲或数量级，为了保证分析结果的可靠性，增强各因素之间的可比性，需要用初值化法对变量序列进行无量纲化：

$$X_k(i) = \frac{X_k(i)}{X_k(1)}$$

关联系数计算：通过各因子的关联系数计算，可以明确表示对景区感知因子的感知值与期望值之间的差距：

$$r_i = \frac{\text{minmin} \, | \, X_0(i) - X_1(i) \, | + 0.5 \text{maxmax} \, | \, X_0(i) - X_1(i) \, |}{| \, X_0(i) - X_1(i) \, | + 0.5 \text{maxmax} \, | \, X_0(i) - X_1(i) \, |},$$

其中 r_i 为关联系数，X_0、X_1 为参考序列和比较序列。

高校教育服务满意度计算：$R = \dfrac{1}{n} \sum r_i$，$R$ 为高校教育服务满意度。

涂玮、任黎秀、吴兰桂、谢雯（2006）[1] 在游客市场调查的基础上，运用灰色系统模计算了处于成熟发展阶段的中山陵园风景名胜区游客满意度并对满意度计算结果给予验证和分析，提出中山陵园风景名胜区提升游客满意的措施，以期对处于成熟发展阶段的旅游地实施满意度调研、分析及促进成熟旅游地的可持续发展起指导作用。陈金华、秦耀辰（2008）[2] 采用灰色系统模型和 ASEB 模型分析福建省泰宁世界地质公园游客满意度，得出泰宁世界地质公园的游客满意度较高，但是地质公园区外的交通条件、商贩的诚实程度、基础设施、娱乐服务方面存在的问题影响了游客的正面评价。并提出必须重视游客的体验营销，设计有吸引力的旅游体验主题、项目，开发新颖的具有丹霞地质文化内涵的旅游产品来延伸游客的旅游体验，进一步完善世界地质公园基础设施和区外交通条件。

总之，将灰色系统模型应用于高校教育服务满意度评价的研究中，具有可行性以及优越性。

四 物元模型

物元模型是由我国数学家蔡文（1994）创立的，是一种可以解决对于一项复杂的事物的过程中经常会出现的矛盾性、模糊性以及不相容性的方法。该模型作为评价方法已被应用于多个领域。其用于研究我国高校教

---

① 涂玮、任黎秀、吴兰桂、谢雯：《基于灰色系统的成熟旅游地游客满意度研究——以南京中山陵园风景名胜区为例》，《山东师范大学学报》（自然科学版）2006 年第 9 期。

② 陈金华、秦耀辰：《基于游客满意度分析的地质公园可持续发展研究——以福建省泰宁世界地质公园为例》，《河南大学学报》（社会科学版）2008 年第 11 期。

育服务质量的满意度具有诸多优点：①准确性、客观性。由于对高校服务质量的评价有一定的特殊性，评价指标中不仅客观条件如硬件设施质量、投资规模、师资配置需要被考虑，同时高校学生的主观意见也是十分重要的。在这种不可避免的主观及客观指标共存的情况下，在划分偏向主观和客观指标的同一评价等级的取值范围时，可以通过作出合理的改动来消除这两类指标的不相容性。②由局部到整体的全面性。由于物元模型中需要通过每一个指标与不同等级数值之间的关联度来确定每个指标的评价等级以及关联度，因此物元模型的另一个优点在于不仅可以判定学生对本校的总体满意程度，也可以清楚地了解每一个指标的满意程度等级。因此满意程度等级最低的指标即为影响该校满意程度的主要因素，需要引起学校的特别重视。而关联度的取值范围为（$-\infty$，$+\infty$），对于某指标以及待评事物和不同等级的符合程度也可以通过其数值的大小有清晰的了解。③熵权法的客观性计算。本书利用熵权法来确定各项评判指标的权重。熵权法根据评价指标在各个评价主体处得到的评价值的差异来确定权重，这种差异也可以被称为分辨能力或离散程度，数值差异越大，其所在指标对于结果的影响就越大。相对于广泛运用的专家打分法和层次分析法，其最突出的优点在于可以最大限度地避免在确定权重的过程中掺杂任何主观意图，其计算结果完全根据已有的数据得出，因此更加准确、客观。

王万军、胡建军（2001）[①] 将物元分析的方法运用于学生素质教育评定上，取得了较好的效果，他们认为该方法与其他诸如模糊数学方法、AHP 方法及灰色模型方法相比较，具有结论可靠、便于计算机编程处理等特点，是一种定量分析问题行之有效的方法，并易于推广到其他相关问题中。王金凤、高晓宁、冯立杰（2013）[②] 认为评价高校教育服务质量满意度时，主观倾向及定性研究较多会导致高校做出错误决策。他们应用定性和定量结合的可拓理论，构建高校教育服务质量满意度物元模型，计算评价指标对评价等级的关联系数；同时，考虑到熵权法在确定权重时具有的客观性及准确性，在建模中融入熵权法确定高校教育服务质量评价指标的权重系数。结合以上两种数学方法，构建了高校教育服务质量满意度评价

---

① 王万军、胡建军：《素质教育综合评判的一种新方法》，《甘肃教育学院学报》（自然科学版）2001 年第 7 期。

② 王金凤、高晓宁、冯立杰：《高校教育服务质量满意度评价模型研究》，《高等理科教育》2013 年第 4 期。

模型。最后，通过实证分析研究验证了该评价模型的客观合理性。

第四节　常用软件介绍

本节介绍 3 个研究高校教育服务学生满意度的常用软件，包括 Smart-PLS、SPSS 和 MATLAB。

一　SmartPLS 软件

结构方程模型求解通常采用最大似然估计（Maximum Likelihood Approach），这方面的软件也比较成熟，如 LISREL、AMOS 等，特别是 A-MOS 采用图形化的界面，操作起来十分简便。但是这种方法对样本的数量和数据的分布都有一定的要求，对模型本身也存在是否能够识别的问题，还可能带来难以接受的结果和因子的不确定性问题。在满意度模型中，通常采用偏最小二乘算法（Partial Least Square，PLS）。

PLS 与普通最小二乘方法（OLS）类似，通过最小化残差方差来确定参数值。PLS 的基本思想是将参数分为可估计的子集，认为一部分子集的参数值给定已知且固定不变，通过普通多元回归估计其他部分参数，即逐个子集用迭代方法对载荷和结构参数的估计不断逼近。

PLS 估计除了预测变量设定，不要求分布，不需要观测独立，也不限制残差协方差的结构。基于预测变量设定的 LS 建模是基于预测的，而 ML 建模是基于参数的。与协方差结构分析（如 ML 方法）相比，PLS 估计与数据更贴近，适用于对隐变量分布的知识有限的情况[①]。

目前有很多学者自主开发的 PLS 软件用于求解 SEM 模型，例如：南卡罗来纳大学的 Yuan Li 开发的 PLS – GUI、Wynnie Chin 教授开发的 PLS – Gragh、德国 Ringle 博士等开发的 SmartPLS 等，其中 PLS – Gragh、SmartPLS 均采用图像化界面，大大简化了构建模型的操作，且结果非常直观。SmartPLS 通过在其网站注册，供研究者免费使用，本书采用 Smart-PLS 2.0 软件来进行迭代运算。

---

① 金勇进、梁燕：《偏最小二乘（Partial Least Square）方法的拟合指标及其在满意度研究中的应用》，《数理统计与管理》2005 年第 2 期。

金勇进、梁燕（2005）[1] 在对顾客满意度模型及 PLS 方法进行简单介绍的基础上，对 PLS 的拟合指标，包括共同因子、多元相关平方和冗余，进行了讨论。赵耀华、韩之俊（2007）[2] 依据高等教育服务质量的特性和顾客满意理论，对构成顾客满意及其因果变量的相互关系进行分析和模型的路径设计，构建了高校顾客满意度模型，并借助 PLS 路径分析软件进行了实证分析，证实模型有较好的拟合度。他们认为，PLS 路径模型由于采用了偏最小二乘方法，对模型和数据的要求大为降低。PLS 采用非参数推断方法（如 bootstrap），不需要对数据的分布进行严格假定，适合于数据分布有偏的情况，也适用于小样本书，当然对于较多的样本可以获得更好的结果。PLS 路径模型既可以用于理论的确认，也可以用于模型变量间的关系研究，并为进一步的模型检验提出建议。

二　SPSS 软件

SPSS 软件诞生于 20 世纪 60 年代，是目前世界上应用最广泛的统计软件之一，也是当今国际上公认的标准统计分析软件。SPSS 统计功能十分强大，统计分析方法丰富，不但可以得到数字结果，还可以得到直观、漂亮的统计图，能够帮助直观了解统计数据并做出进一步分析。SPSS 软件的大多操作可以通过菜单和对话框来完成，操作简便，易于学习和使用，无须记忆繁复的统计过程所涉及的计算公式。目前，SPSS 软件已经有了汉化版本，其界面更为友好、应用更为便利，已经在我国各学科领域的学术研究中得到广泛推广与应用。

SPSS 软件之所以与 SAS 和 BMDP 软件并称为当今国际上 3 种实力最强的统计软件，不仅因为其可以直接读取 Excel 及 DBF 中的数据文件，分析结果清晰、直观、易学易用，很快被推广到计算机的各种操作系统中；而且因其影响之大和信誉之高，在国际学术交流中，凡是用 SPSS 软件完成的计算和统计分析，可以不必说明算法，并且已经成为了国际学术界不成文的规定。[3]

---

① 金勇进、梁燕：《偏最小二乘（Partial Least Square）方法的拟合指标及其在满意度研究中的应用》，《数理统计与管理》2005 年第 2 期。
② 赵耀华、韩之俊：《基于结构方程的高校顾客满意度模型》，《系统工程》2007 年第 11 期。
③ 张海瑜：《SPSS 软件在管理决策方面的应用扩展——以某大学的教学管理为实例》，硕士学位论文，北京化工大学，2011 年。

本书采用 SPSS 软件进行学生满意度调查问卷的基本统计分析、人口特征分析、因子分析、回归分析和 Probit 模型分析。武海东（2009）[1] 将结构方程模型方法用于高校图书馆读者满意度研究，依据图书馆服务特点和顾客满意理论，对构成图书馆读者满意及其因果变量的相互关系进行分析和模型的路径设计，构建了图书馆读者满意度模型，并借助 AMOS 与 SPSS 软件进行了实证分析，证实模型有较好的拟合度。吴国英、陈士俊（2010）[2] 使用问卷法对河北某高校进行了典型抽样调查。利用 SPSS 现代统计分析方法对数据分析，对高校影响学生满意度的教学、管理、发展定位、资源设备和后勤服务因素等进行了量化分析，并以此为自变量，建立回归模型，运用结构方程模型软件检验结果，提出了基于营销理念打造使学生满意大学的具体措施。

三　MATLAB 软件

MATLAB（Matrix Laboratory）语言，起初是数值线性代数软件包 Linpack 和 EisPack 的专业工具。20 世纪 80 年代中期，在美国 Mathworks 公司的大力推广之下，渐渐将 MATLAB 软件的多种功能如数值计算、文字处理、图像处理、符号解析计算等延伸发展，并建立了先进的面向对象语言的用户界面。它具有数据整理、矩阵运算、数值分析以及建模与仿真等许多其他强大的功能，这些都能够集成于一个易于使用的 Windows 环境下。这就为工程设计、科学计算提供了一个简单、高效的编程工具。

到目前为止，MATLAB 已经有至少 37 种工具箱。可将工具箱分为两类[3]：功能型工具箱和领域型工具箱。功能型工具箱主要用于扩展 MATLAB 的符号运算、建模和仿真、实时互动、硬件的功能。领域型工具箱是专业性很强的工具箱，如自动控制工具箱、神经网络工具箱等，其应用在多个领域取得显著成效，如工程、经济学、数学、电力。MATLAB 工具箱提供了一个开放的架构，使用户能够输入工具箱的源代码进行修改、自定义、扩展算法和工具箱功能，以适应用户的特殊需要。

①　武海东：《结构方程模型在图书馆读者满意度研究中的应用》，《农业图书情报学刊》2009 年第 8 期。

②　吴国英、陈士俊：《学分制下影响学生满意度的因素分析》，《社会科学家》2010 年第 3 期。

③　孙倩：《基于 BP 神经网络的城市道路交通满意度评价体系与方法研究》，硕士学位论文，武汉科技大学，2012 年。

　　孙晓玲、王宁、梁艳（2010）[①] 针对教学质量评价的非线性特征以及教学质量评估体系中存在的诸多非定量的因素，建立教学质量评价的 BP 神经网络模型。利用专家提供的数据在 MATLAB 软件中对三层 BP 神经网络模型进行仿真训练，得到用于评判的神经网络模型。利用 BP 神经网络进行教学质量评价的方法可操作性强，可以克服传统评价方法主观性过强的缺点，同时避免了传统教学质量评价的复杂过程，具有较广泛的实用性，并为教学质量提供了依据。刘春玲、张焕生、郝国芬（2012）[②] 利用 BP 神经网络的自适应和自学习原理用于教学质量评价，提出了基于神经网络的教学质量评价模型结构，以及改进的 BP 网络学习算法，并利用 MATLAB 系统加以实现。

　　① 孙晓玲、王宁、梁艳：《应用 BP 神经网络的教学评价模型及仿真》，《计算机仿真》2010 年第 11 期。
　　② 刘春玲、张焕生、郝国芬：《BP 神经网络在教学评价中的应用》，《煤炭技术》2012 年第 31 卷第 5 期。

第六章 北京高校教育服务学生满意度调研及样本分析

本章首先对北京 16 所主要高校的本科生进行问卷调查，获得有效问卷。接着分析了高校教育服务学生满意度受人口统计特征（包括年级、性别、生源地、家庭收入和家长受教育程度 5 个方面）的影响。

第一节 预调研及调整情况介绍

本书选取中央财经大学的本科生进行了预调研，发放预调研问卷 440 份，回收有效问卷 376 余份，有效率达 85.5%。运用 SPSS 和 SmartPLS 软件对调研问卷进行数据分析，从而剔除了在问卷设计上的重复指标，以及指向不明和对学生满意度影响极为不显著的 20 个问题，进而对模型的主体结构进行了修正。下面简述对模型修正的过程。

本书采用结构方程模型，相对于最大似然估计（Maximum Likelihood Approach），偏最小二乘估计（PLS）对样本的要求更低，可以有效避免模型不能识别的问题，以及因子间可能出现的其他不确定性问题。同时，PLS 对于样本的分布不作严格要求，适用于数据有偏的情况，以上优点刚好可以弥补满意度调查所可能出现的问题。基于此，本书采用 SmartPLS 2.0 软件来进行 PLS 迭代运算。该软件通过在其网站注册，可供研究者免费使用。

有五项指标需要注意：

（1）Cronbach's α 值。预调研样本结果中有 4 项的 Cronbach's α 值达到了 0.7 以上（未达到 0.7 的两项也比较接近该值），这表明模型内部的一致性较好。

（2）AVE（平均提取方差）值。预调研样本结果中有 5 项的 AVE 达到了 0.5 的可接受水平，这表明除感知质量以外的结构变量解释了观测变量 70% 的方差。可能是因为感知质量的观测变量较多导致其 AVE 值偏低。

（3）Composite Reliability（组成信度）值。预调研样本结果 Composite Reliability 值都高于 0.8，这表明数据及其模型的结构效度较好。

（4）R Square 值。在样本结果中，最为关注的学生满意度指标拟合优度 R Square 在 0.7 左右，这表明模型中的原因变量很好地解释了学生满意度 70% 的变化，因而模型具有较好的预测能力。

（5）Path Coefficients（路径系数）。样本结果中预期质量与学生满意度、感知价值和感知质量之间的相关系数偏低，且与前两项呈负相关。高校形象与学生满意度和感知价值之间的相关系数也不高。故而，为了验证上述变量之间的影响是否显著，需要进一步进行 t 检验。运行 Bootstrapping，得到如下 t 检验结果（见表6-1），给定 5% 的显著性水平，t 值应该大于 1.96。因此，预期质量与学生满意度、感知价值和感知质量之间没有显著性影响，高校形象与感知价值之间也没有明显的影响。

表6-1 预调研样本的 t 检验结果（1）

	学生忠诚	学生满意度	感知价值	感知质量	预期质量	高校形象
学生忠诚						
学生满意度	9.400046					
感知价值		6.186848				
感知质量		5.076458	8.587590			
预期质量		0.927220	1.099140	1.240541		
高校形象	4.9413846	0.351507	1.556814	7.665791	4.198316	

基于表6-1的 t 检验结果，本书对模型进行了第一次修正，由于预期质量对其他三项的影响都不显著，考虑删除该结构变量。由于高校形象对感知价值的影响并不显著，不再考虑两者的相关关系。重复第一步的模型建立过程，得到修改后的模型。

同样对修改后的模型运行 PLS Algorithm。检查修改后的模型的 Cronbach's α 值、AVE 值和 R Square 值，除了高校形象与学生满意度的路径系数仍然偏低外，其余指标都有改善。因此，再次进行 t 检验。运行

Bootstrapping，得到如下 t 统计量（见表 6 – 2），在 5% 的显著性水平上，拒绝高校形象对学生满意度有显著影响的原假设。

表 6 – 2　　　　　　　　预调研样本的 t 检验结果（2）

	学生忠诚	学生满意度	感知价值	感知质量	高校形象
学生忠诚					
学生满意度	9.633858				
感知价值		5.589184			
感知质量		4.198108	15.596975		
高校形象	5.199147	0.634430		11.208627	

基于新的 t 检验，考虑取消高校形象对学生满意度的影响，新建立模型。并再次运行 PLS Algorithm 和 Bootstrapping 软件，模型拟合程度较高，且各结构变量之间有显著性影响。因而确定为正式调研所采用的模型。

至此主模型的修正已经完成，对于问卷变量的剔除主要采用 SPSS 软件的验证性因素分析，对指向不明与因素交叉重复的问题进行了删除合并，并对部分问题进行了重复。

修改后的问题在 SPSS 的验证性因素分析中均能表现出较强的一致性与显著性，至此本项调查研究的问卷最终定稿。

第二节　样本分布统计特征分析

一　调研情况

本书于 2012 年 4 月至 9 月对北京 16 所主要高校的本科生和部分研究生进行问卷调查。样本涉及历史、哲学、法律、心理、语言文化艺术、管理、经济、农业、林业、化学工程、电子电气、计算机、通信、建筑土木工程、物理、数学等专业，包括"985"工程院校、非"985"的"211"院校、部属非"211"院校、地属非"211"本科院校。在此次调查中，本书采用分层随机抽样的方法，共发放问卷 2200 份，回收问卷 2053 份，回收率为 93.32%。删除掉无效问卷后，有效问卷是 1566 份，有效回收率为 71.18%。

二 样本分布统计特征

对有效样本进行基本的统计特征分析，具体情况如下：

（1）性别分布情况如图 6 - 1 所示。其中，女生 1125 人，占被调查人数的 59.44%；男生 769 人，占被调查人数的 40.56%。

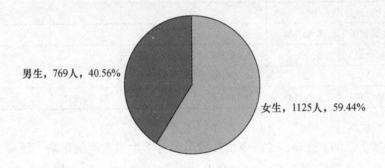

图 6 - 1 学生性别分布

（2）生源地分布情况如图 6 - 2 所示。其中，城镇生源 1114 人，占被调查人数的 58.8%；农村生源 780 人，占被调查人数的 41.2%。

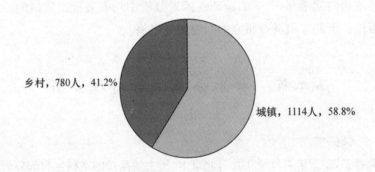

图 6 - 2 学生生源分布

（3）年级分布情况如图 6 - 3 所示。其中，大一 439 人，占被调查人数的 23.2%；大二 650 人，占被调查人数的 34.35%；大三 365 人，占被调查人数的 19.3%；大四 111 人，占被调查人数的 5.95%；研一 216 人，占被调查人数的 11.4%；研二 74 人，占被调查人数的 3.9%；研三 39 人，占被调查人数的 2.1%。

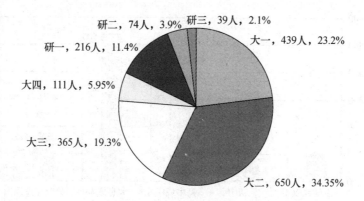

图6-3　学生年级分布

（4）学生家庭收入分布情况如图6-4所示。10000元以上占
14.19%，6000—10000元占22.94%，3000—6000元占34.65%，3000元
以下占28.22%。

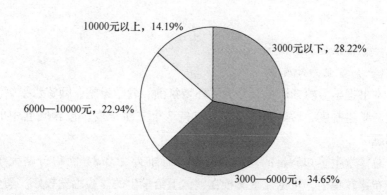

图6-4　学生家庭收入分布

（5）父母受教育程度分布情况如图6-5所示。其中，父亲受教育程
度在小学或以下96人，初中298人，高中或中专459人，大专或本科
539人，研究生及以上174人；母亲受教育程度在小学或以下183人，
初中304人，高中或中专462人，大专或本科505人，研究生及以上
112人。

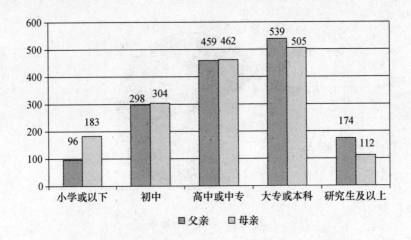

图 6-5　学生父母受教育程度分布

第三节　学生满意度受人口统计特征的影响分析

一　各指标基本情况

（一）学生感知质量

本书把学生感知质量又分为了环境氛围、教学设施、师资水平、课程设置、学生制度、后勤服务、学生支持 7 个二级维度，包含问卷中的 39 个问题。

总体学生感知质量的均值为 4.68，标准差为 0.846，得分略大于 4，且分布比较集中，可见北京高校在整体上给学生的体验感觉较好。学生感知质量各维度细分如图 6-6 所示。

（1）环境氛围感知质量：均值为 4.95，方差为 1.105，该项均值得分最高，说明北京高校在学校环境、周边安全、地理位置和学术氛围方面比较令学生满意。

（2）教学设施感知质量：均值为 4.22，方差为 1.222，该项均值得分最低，说明高校学生对教学设施等服务整体上不太满意，北京高校在图书馆、教室和各类硬件设施上仍需多改进以满足学生需要，这与校园面积较小、学生扩招和学校建设经费不足等原因是分不开的。

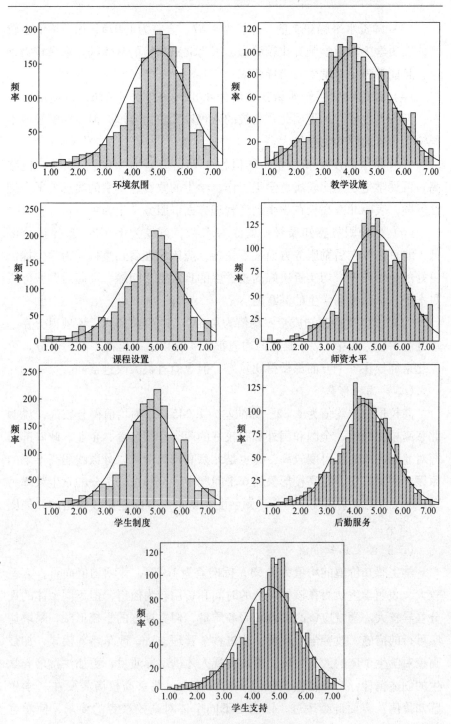

图6-6 学生感知质量细分维度分布

（3）师资水平感知质量：均值为4.87，方差为1.075，该项均值也较高，表明学生对教学服务比较满意，因为北京高校的整体师资水平较为雄厚，且能够满足对学生的指导要求。

（4）课程设置感知质量：均值为4.84，方差为1.126，该项均值较高，但方差也较大，说明北京高校的课程设置较为合理，但不同学校或不同学生个体的感知相差较大。

（5）学生制度感知质量：均值为4.75，方差为1.057，该项均值略高，可见学生还是比较满意学生工作、学生的收费、学生的奖惩公平合理性问题，表明北京高校在学生制度管理方面以服务学生为主。

（6）后勤服务感知质量：均值为4.49，方差为1.002，整体得分偏低，北京高校在后勤服务方面很不完善，应该加强后勤整顿，为学生提供更好的生活环境，切实解决好高校学生的日常生活问题，提高后勤服务质量水平，从而提高学生的满意度。

（7）学生支持感知质量：均值为4.63，方差为1.038，该项得分在二级维度中较为居中。7个维度的均值都在4分以上，但都不超过5分，可见北京高校在各个方面都做得比较好，但也尚有很大改进空间。

（二）高校形象

高校形象的均值为4.82，标准差为1.345，该项均值得分较高，说明北京高校在当地、全国和国外都有较好的声誉和知名度，企业、政府部门等对北京高校的认可度较高，这也是北京高校高考录取分数线居高不下的原因之一。其中，在高校形象的6个问题中，全部选择7分的学生频率为141人，表明北京高校在声誉、知名度和认可度方面是比较突出的。如图6-7所示。

（三）学生感知价值

学生感知价值的均值为4.53，标准差为1.474，该项均值尚可，方差较大，表明学生认为在该校花费的时间和费用较为值得，但不同个体的评分差异较大。学校应该改进教育服务质量，树立良好的学校形象，采取切实可行的措施，改善学习环境，改进教学管理方法，改革培养模式，加强高校对学生个体的人文关怀，更加重视人才的培养质量，更加注重培养学生的创造精神，培养社会责任感和实践能力。北京高校尚需要在"学生感知价值"方面继续改进，以满足不同个体对高校教育的要求，使学生的满意度更高。

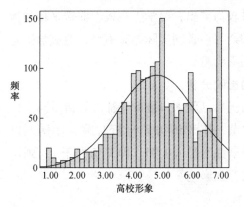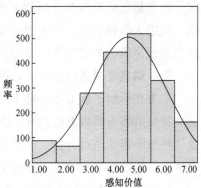

图6-7　高校形象及感知价值分布

（四）学生忠诚

学生忠诚的均值为4.44，标准差为1.484，该项均值得分偏低且方差较大，低于决定此变量的高校形象和学生满意度，说明有的学生毕业后可能不再愿意在本校继续学习深造，转而选择外校。此种现象说明北京高校的声誉和学生对高校教育服务的满意度并不能完全转化为学生对该校的归属感和忠诚度，应该受到高层管理人员的重视。此时有关高校应该积极找出原因，不断提高学术能力和加强学科的建设，吸引更多本校和外地外校的学生前来就读。如图6-8所示。

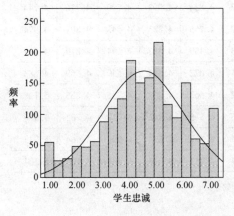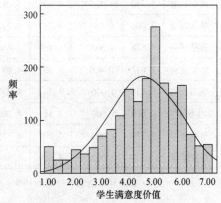

图6-8　学生忠诚及学生满意度价值分布

（五）整体学生满意度

整体学生满意度的均值为4.56，标准差为1.385，该项均值尚可，方差偏大。说明学生对北京高校的整体满意度还可以，只是尚有很大改进空间，特别是北京高校在全国的声誉较为突出，给学生在入学前带来较高预期，但进入学校后学生普遍发现预期与声誉同实际体验不符，造成学生对北京高校提供的教育服务质量感到不满意。

二 满意度受人口统计特征的影响分析

本书在拆解了满意度的样本情况后，就人口统计特征来分析不同人口统计特征的各方面满意度差异。本节①用 SPSS 方差分析对满意度受人口统计特征的影响进行分析，如果显著性水平 <0.05，即 F 值大于 1，则说明该人口统计特征对该因子满意度存在影响②。

（一）年级对高校满意度的影响

从表 6-3 可知，各维度因子均随年级的变化而变化，其中，教学设施、师资水平、课程设置、后勤服务、感知价值、学生满意度、学生忠诚、高校形象这些因子受到年级的影响较为明显。

表 6-3　　　　　　　　　**年级对各维度的影响**

项目	F	显著性	均值						
			大一	大二	大三	大四	研一	研二	研三
环境氛围	3.735	0.001*	4.819	4.934	4.998	5.338	5.020	4.872	5.058
教学设施	5.136	0.000**	4.243	4.065	4.304	4.488	4.413	3.964	4.615
师资水平	6.602	0.000**	5.082	4.691	4.852	4.877	4.978	5.025	4.850
课程设置	5.340	0.000**	4.675	5.012	4.834	4.993	4.690	4.716	4.744
学生制度	2.066	0.054*	4.747	4.772	4.755	4.883	4.542	4.801	4.974
后勤服务	4.578	0.000**	4.460	4.458	4.359	4.587	4.694	4.819	4.714
学生支持	1.037	0.400*	4.559	4.691	4.622	4.684	4.550	4.569	4.683
感知价值	6.128	0.000**	4.544	4.292	4.567	4.802	4.755	4.865	5.128
学生满意度	8.810	0.000**	4.181	4.706	4.515	4.842	4.710	4.703	4.966
学生忠诚	9.378	0.000**	4.207	4.345	4.367	4.694	4.909	4.964	5.043
高校形象	16.329	0.000**	4.657	4.624	4.752	5.018	5.401	5.509	5.504

注：*、** 表示显著性水平分别为 10%、5%。

---

① 王灯山、王妍、闫黎丽：An Investigation on the Reform of Heterogeneous Education——How Family Backgrounds Influence Student Satisfaction with University Service, International Conference on Education Technology and Management Science, 858-861, 2013.

② 王灯山、张杜鹃、张建：《学生家庭背景对北京高校服务满意度的影响》，《教育教学论坛》2014 年第 1 期。

在感知质量方面，毕业生（大四、研三）的均值较高，新生（大一、研一）的均值较低。这表明，刚入校，学生期望值较高，具有新鲜感，但是经过一年对校园生活的熟悉和适应，对学校各方面越来越熟悉，发现学校实际与自身期望值差距较大，对学校的失望在大二和研二这两年中达到顶峰。但是随着学习的不断深入、在校时间不断增加以及学生对学校情感依赖度逐渐提高，又经过了一年至两年的学习，大四和研三学生对学校的感情越来越深，在回望过去的几年学习和生活中，支持学校、帮助建设母校的愿望越来越强烈。

在感知价值、学生满意度方面，也呈现出新生（大一、研一）和毕业生（大四、研三）较高，其他年级偏低的变化趋势。在学生感知价值方面，大四学生的 4.802 和研三学生的 5.128 远远高于其他几个年级。在大学阶段，自大二以来，学生感知价值的均值不断提高，说明学生在经历过大二时对学校的失望后逐步调整心态、调整方法或者放低预期更加适应大学生活，学生的好感度不断提高；在硕士阶段，由研一逐年攀升，在研三时达到最高，这都说明学校已经得到每年度学生反馈意见，采取了有效的措施，加大力度改善了学习环境，提升了学生满意度和学生的感知价值。

在学生忠诚和高校形象方面，毕业生（大四、研三）均值最高，分别达到了 4.694、5.043 和 5.018、5.504，说明毕业生对学校较为忠诚，通过学生对学校工作的支持即可看出，毕业生即将离开校园，对母校的培养怀有一颗感恩的心，走到社会上后继续发扬光荣传统，使自己成为母校合格的学校形象宣传者，成为学校建设的积极支持者和学校发展的主力军。

（二）性别对高校满意度的影响

从表 6 - 4 可知，环境氛围、师资水平、学生制度、高校形象、课程设置这些因子受性别影响并不明显，而学生支持、学生满意度、教学设施、后勤服务受性别影响显著，且全部表现为男生的满意度高于女生。其中，学生满意度和后勤服务的性别差异最为明显，男生对学生满意度和后勤服务的均值分别为 4.741 和 4.520，女生对两者的均值分别为 4.438 和 4.475。这表明女生对高校教育的整体要求比较高，并且更加注重后勤服务的质量，相比之下，男生对高校整体教育服务和后勤服务的质量没有很高的要求。

表6-4　　　　　　　　性别对各维度的影响

项目	F	显著性	性别	均值	项目	F	显著性	性别	均值
环境氛围	0.315	0.575	男	4.999	教学设施	2.907	0.088 *	男	4.246
			女	4.922				女	4.209
师资水平	0.902	0.342	男	4.785	课程设置	0.043	0.835	男	4.876
			女	4.932				女	4.823
学生制度	0.153	0.696	男	4.736	后勤服务	6.755	0.009 *	男	4.520
			女	4.757				女	4.475
学生支持	5.905	0.015 *	男	4.701	感知价值	2.143	0.143 *	男	4.472
			女	4.574				女	4.563
学生满意度	12.838	0.000 **	男	4.741	学生忠诚	1.752	0.186 *	男	4.551
			女	4.438				女	4.365
高校形象	0.412	0.521	男	4.940					
			女	4.739					

注：*、** 表示显著性水平分别为10%、5%。

（三）家庭月收入对高校满意度的影响

从表6-5可知，家庭月收入对各维度均有不同程度的影响，其中环境氛围、教学设施、后勤服务、学生满意度、学生忠诚、高校形象这些因子受到的影响较大，且基本呈现出家庭月收入越高学生满意度越高的趋势。

原因可能如下：

月收入高的家庭普遍比较富裕，日常生活条件较好，学生对高校的硬件设施如教学设施、后勤服务保障等也会要求较高，比如高校图书馆要硬件设施完备，环境舒适，也要有充足的体育设施，或者学生对学校环境氛围的要求也相对较高：校园及周边治安要好，学校要有浓厚的学习氛围以及学校环境优美、地理位置优越等，这些学生的期望值普遍较高，若他们入校后发现学校提供的各方条件没有达到自身要求，满意度就会受到影响，不是非常满意。

相反，月收入较低的学生入学前对学校的基本设施条件反而没有抱有太高期望，进而入校后发现校园环境、教学设施、氛围、后勤服务等符合甚至高于自己的期望值，这时这部分学生的满意度相对就比较高。

（四）生源地城乡来源的不同对高校满意度的影响

表6－5　　　　　　　　　家庭月收入对各维度的影响

项目	F	显著性	家庭月收入	均值	项目	F	显著性	家庭月收入	均值
环境氛围	13.281	0.000**	3000 元以下	4.804	教学设施	14.520	0.000**	3000 元以下	4.054
			3001—6000 元	4.887				3001—6000 元	4.197
			6001—10000 元	5.031				6001—10000 元	4.214
			10000 元以上	5.290				10000 元以上	4.647
师资水平	5.546	0.001*	3000 元以下	4.733	课程设置	3.348	0.018*	3000 元以下	4.714
			3001—6000 元	4.886				3001—6000 元	4.8919
			6001—10000 元	4.917				6001—10000 元	4.894
			10000 元以上	5.043				10000 元以上	4.908
学生制度	2.480	0.059*	3000 元以下	4.643	后勤服务	7.168	0.000**	3000 元以下	4.406
			3001—6000 元	4.780				3001—6000 元	4.474
			6001—10000 元	4.799				6001—10000 元	4.476
			10000 元以上	4.795				10000 元以上	4.745
学生支持	4.101	0.007*	3000 元以下	4.505	感知价值	2.707	0.044*	3000 元以下	4.376
			3001—6000 元	4.669				3001—6000 元	4.569
			6001—10000 元	4.630				6001—10000 元	4.579
			10000 元以上	4.751				10000 元以上	4.633
学生满意度	7.538	0.000**	3000 元以下	4.330	学生忠诚	6.864	0.000**	3000 元以下	4.213
			3001—6000 元	4.638				3001—6000 元	4.495
			6001—10000 元	4.612				6001—10000 元	4.500
			10000 元以上	4.749				10000 元以上	4.668
高校形象	12.485	0.000**	3000 元以下	4.567					
			3001—6000 元	4.813					
			6001—10000 元	4.964					
			10000 元以上	5.115					

注：*、** 表示显著性水平分别为10%、5%。

由表6-6可知，生源地对后勤服务、感知价值和学生忠诚的影响不明显，对师资水平和学生支持的影响较为明显，对其他因子有一定影响，且均呈现出来自城镇的学生的满意度高于来自农村的学生的满意度。

表6-6　　　　　　　　　　　　　　生源地对各维度的影响

项目	F	显著性	生源地	均值	项目	F	显著性	生源地	均值
环境氛围	3.199	0.074*	农村	4.644	教学设施	4.309	0.038*	农村	3.925
			城镇	5.170				城镇	4.433
师资水平	17.093	0.000**	农村	4.891	课程设置	10.519	0.001*	农村	4.799
			城镇	4.859				城镇	4.877
学生制度	10.008	0.002*	农村	4.706	后勤服务	0.341	0.560	农村	4.496
			城镇	4.777				城镇	4.492
学生支持	21.051	0.000**	农村	4.482	感知价值	0.064	0.800	农村	4.385
			城镇	4.726				城镇	4.625
学生满意度	1.760	0.185*	农村	4.365	学生忠诚	0.260	0.610	农村	4.294
			城镇	4.698				城镇	4.543
高校形象	1.318	0.251*	农村	4.750					
			城镇	4.870					

注：*、**表示显著性水平分别为10%、5%。

一般说来，城市学生的综合素质普遍较高，在各方面也比较灵活，在师资水平方面，更希望老师平易近人、容易相处，也希望老师给予充足学术指导和人文关怀，非城市学生可能会因为自己的身份有一些自卑感，所以更加希望老师能够对学生公平对待、一视同仁。表6-6中影响最明显的是"学生支持"这一变量。城市学生希望自己在校读书期间的生活不只有读书，还有更为丰富多彩的课余活动、各类名人励志类讲座、多样化的社团活动等来丰富自己的阅历以及人脉；而非城市学生可能更加希望自己在学习方面多花费时间和精力，让自己在学术的道路上走得更远。

（五）家长教育水平对高校满意度的影响

由表6-7可以看出，父母双方的教育水平对后勤服务、母亲的教育水平对学生忠诚基本没有影响，环境氛围、课程设置、学生满意度受父母双方的教育水平影响较大，其他因子也会受家长教育水平一定的影响，且

表 6 - 7　　　　　　　　　　家长教育水平对各维度的影响

项目	父母	F	显著性	均值				
				小学及以下	初中	高中或中专	大专或大学本科	研究生及以上
环境氛围	父亲	6.799	0.000**	4.754	4.862	4.841	5.069	5.168
	母亲	7.251	0.000**	4.792	4.898	4.838	5.103	5.183
教学设施	父亲	3.017	0.017*	3.960	4.183	4.169	4.330	4.257
	母亲	2.853	0.023*	4.011	4.263	4.175	4.313	4.266
师资水平	父亲	3.847	0.004*	4.723	4.770	4.844	4.997	4.813
	母亲	4.722	0.001*	4.604	4.903	4.892	4.952	4.773
课程设置	父亲	5.824	0.000**	4.782	4.722	4.808	4.849	5.174
	母亲	8.575	0.000**	4.678	4.643	4.860	4.934	5.201
学生制度	父亲	1.758	0.135*	4.789	4.671	4.702	4.780	4.881
	母亲	2.953	0.019*	4.597	4.689	4.740	4.803	4.941
后勤服务	父亲	0.647	0.629	4.587	4.449	4.468	4.508	4.537
	母亲	0.349	0.845	4.454	4.488	4.507	4.480	4.574
学生支持	父亲	3.848	0.004*	4.605	4.498	4.613	4.639	4.850
	母亲	4.700	0.001*	4.451	4.545	4.630	4.675	4.894
感知价值	父亲	3.394	0.009*	4.655	4.360	4.439	4.669	4.524
	母亲	1.130	0.341*	4.353	4.514	4.544	4.591	4.470
学生满意度	父亲	4.918	0.001*	4.539	4.380	4.504	4.609	4.888
	母亲	5.933	0.000**	4.479	4.419	4.493	4.634	5.040
学生忠诚	父亲	3.016	0.017*	4.336	4.344	4.324	4.577	4.545
	母亲	0.906	0.459	4.345	4.424	4.391	4.499	4.576
高校形象	父亲	4.190	0.002*	4.632	4.719	4.719	4.977	4.874
	母亲	1.011	0.400*	4.725	4.751	4.815	4.897	4.828

注：*、** 表示显著性水平分别为10%、5%。

大多呈现出学生的满意度随家长教育水平的增高而增高的趋势。

仅从家长的教育水平来说，家长教育水平越高，从小对孩子的耳濡目染也越深厚，孩子从小培养的好习惯和强的综合素质就使他比别人成长得更快、成熟得更早，也会对今后的人生道路更加明确，对自己未来要学的专业和科目就会深入了解，所以在课程设置方面受父母双方的教育水平影响较大。在环境氛围和学生满意度方面也是如此。

第四节 高校教育服务学生满意度评价指标体系的选择

基于对现有评价指标体系的总结，以及对调研样本的统计分析，本书确定了高校教育服务学生满意度测评指标体系。需要指出的是，在美国，SSI 测量量表被广泛地作为测试学生满意度的工具，此量表中包括了近100 个问题，覆盖了与学生利益息息相关的各个层面。本书结合北京高校的特点进行修改和补充，设计了 52 个调查问题的满意度问卷量表。问卷量表的指标设计分为感知质量、学生感知价值、学生满意度和学生忠诚等一级维度，其中感知质量下设环境氛围、教学设施、师资水平、课程设置、学生制度、后勤服务、学生支持 7 个二级维度，具体评价指标共计52 个；个人信息指标 5 个，包括年级、性别、家庭月收入、城乡来源、父母受教育程度等。在满意度等级划分上，本书选用应用最广泛的 7 级Likert 量表，利用程度递进选择方式，设有从满意到不满意 7 个等级，相应赋值为 7、6、5、4、3、2、1，分值越大表示认同程度越高，即"7"代表"很满意"，"1"代表"很不满意"。根据确定的指标体系，本书设计出相应的调研问卷，具体参见附录。附录 A 中的表格为原问卷的问题，附录 B 中的表格为修改后的问卷。

第七章　北京高校教育服务
学生满意度评价

——基于结构方程模型的分析

本章通过建立结构方程模型研究北京高校教育服务学生满意度的评价情况，分析了影响学生对高校教育服务满意度的 52 种因素，得到了每一种因素的影响因子；根据结构方程模型得出的结论，实证分析了北京 11 所高校的因素改进指数，给出了每所高校的优势项目和劣势项目。

第一节　基于结构方程模型的实证研究设计

在本书第五章第二节计量经济学方法中详细介绍了结构方程模型，本章正是基于该模型来设计高校教育满意度模型。该模型基于国内外关于消费者满意度和学生满意度测评体系的相关研究，并首先根据对中央财经大学中国经济与管理研究院和经济学院 300 余份预调研问卷的分析做出了相应的修改，得到了比较好的拟合效果。在此基础上，调查了北京十多所高校学生的高校服务满意度情况，分析了与调查问卷相对应的 52 个影响因素，探究影响学生对所在高校满意度高低的原因与影响因子的大小。

一　预调研以及高校满意度模型的初始设计

本次预调研参照第四章高校教育满意度评价指标体系，设计了 72 个标识变量，6 个结构变量，选取中央财经大学中国经济与管理研究院和经济学院的 440 名本科生进行了调查，回收有效问卷 300 余份。所谓标识变量为可直接测得的变量，所谓结构变量即不可直接测得的变量。每个结构变量要依靠其所属的标识变量来计算得分，标识变量可直接转化为问卷中的问题。该模型包含的 6 个结构变量分别为：高校形象、学生预期质量、学生感知质量、学生感知价值、学生满意度、学生忠诚（杨振东，2008）。

对于高校来说，高校形象包括了学生所了解到的社会各方对于该高校的总体评价，包括高校的知名度、声望、社会影响力以及用人单位对高校的认可与否，并且，考虑到"晕轮效应"，学生容易对形象好的院校产生更高的感知质量和感知价值，从而提高满意度水平，这一点在顾客满意度研究中已经得到证实。因此，高校形象与预期质量、感知质量、感知价值和学生满意度之间存在正相关关系。

预期质量反映学生在入学前对大学教育的预期水平，满意度理论认为预期与感知质量之间的差别越大，对满意度的影响也越大，感知低于预期满意度水平会降低，感知高于预期则满意度水平会升高。

感知质量测评顾客在购买和使用商品或服务后对其质量的切身感受。学生感知质量其实是一种教育质量体验，是高等教育服务过程中的一组固有方面满足学生及相关方面要求的程度，即学生对高校提供的各种具体服务的满意程度。本书在调研表格中设计了 39 个问题对应于学生对高校教育的感知质量。

感知价值指顾客在综合商品或服务质量、价格以后对其所获利益的主观感受。而对于高校提供的高等教育服务，作为顾客的学生付出的成本就不只是可以计量的学杂费、生活费等，还有学生四年学习的机会成本，因此，高校教育服务学生满意度测评模型中的感知价值，是指学生在综合享受的高等教育服务质量和付出的财务和时间成本后对其所获利益的主观感受。该结构变量利用给定时间和财务成本下对高等教育服务质量价值的感知和给定高等教育服务质量下对时间和财务成本的感知两个观测变量来测评。

学生满意度指的是学生对高校服务的总体主观感受，包括学生对学校提供的高校教育服务质量的总体满意度、与预期比较下的满意度、与理想高校比较下的满意度以及与竞争院校比较下的满意度。

学生忠诚指学生享受高校提供的教育服务后，对高校的忠诚程度，包括学生对学校的归属感、荣辱感、重复选择的意愿和向他人推荐本校的意愿等。学生忠诚是学生对学校满意的直接结果，与对学校的满意程度呈正相关关系。并且本书发现高校的形象能激发起学生的自豪感，从而对学生的忠诚程度有很大影响。

　　由第四章对美国消费者满意度模型已有的相关研究可以知道：消费者的感知质量与消费者期望的差距产生感知价值，并最终导致一定水平的满意程度，由满意程度的情况发展为消费者抱怨或消费者忠诚。综上可以看出，在本章研究中，假设学校形象对学生预期质量、学生感知质量、学生感知价值、学生满意度均产生直接影响。其中，高校学校形象、学生消费者预期质量、学生消费者感知质量、学生消费者感知价值潜变量为学生消费者满意的前置因素；消费者忠诚潜变量为消费者满意的后向结果。详见杨振东（2008）给出的"高校教育服务满意度初始评估模型"。

二　高校服务满意度模型的修正

　　通过第五章中关于高校教育满意度评价模型的详细介绍，本书了解到在结构方程模型求解过程中通常采用极大似然估计（Maximum Likelihood Approach），并且这方面的软件也比较成熟，如 LISREL、AMOS 等，特别是 AMOS 采用图形化的界面，操作起来十分简便。目前有很多学者自主开发 PLS 软件用于求解 SEM 模型，其中 PLS – Gragh、SmartPLS 均采用图像化界面，大大简化了构建模型的操作，且结果非常直观。相比于最大似然估计，PLS（偏最小二乘法）对样本的要求更低，可以有效避免模型不能识别的问题，以及因子间可能出现的其他不确定性问题。PLS 对于样本的分布不作严格要求，适用于数据有偏的情况，适用于小样本，且在大样本下会有更好的表现。PLS 的优点刚好可以弥补满意度调查可能出现的问题，基于此，本书采用 SmartPLS 2.0 软件来进行迭代运算。该软件通过在其网站注册，可供研究者免费使用。

　　在预调研获取的中央财经大学中国经济与管理研究院和经济学院的300 余份有效问卷基础上，运用 SPSS 和 SmartPLS 对所得数据进行分析，剔除了在问卷设计上有重复、指向不明和对学生满意度影响过小的 20 个问题（预调研的初始问卷及修改详见附录 A），并对模型的主体结构进行了修正。最终高校教育服务质量学生满意度调查问卷终稿详见附录 B，可以看出经修订的标识变量减少为 52 个，结构变量变为 5 个。

　　下面简述对模型的具体修正过程。首先将调查数据导入 SmartPLS，软件会自动将数据的每一列识别为一个观测变量，并将其显示到 Indicators 一栏中，然后按照先行确定的模型建立结构方程模型。接下来运行 PLS Algorithm，得到如下结果：

　　表 7 –1 表明，有 4 项的克隆巴赫系数（Cronbach's α）值达到了 0.7

以上（未达到0.7的两项也比较接近该值），这表明模型内部的一致性较好。有5项的平均提取方差（AVE）达到了0.5的可接受水平，这表明除感知质量以外的结构变量解释了观测变量70%的方差，可能是因为感知质量的观测变量较多导致其AVE值偏低。组成信度（Composite Reliability）都高于0.8，这表明数据及其模型的结构效度较好。在本模型中，本书关心的满意度，其R方（R Square）在0.7左右，这表明模型中的原因变量很好地解释了学生满意度70%的变化，因而模型具有较好的预测能力。

表7-1　　　　　　　　　　模型统计量指标

	平均提取方差	组成信度	R方	克隆巴赫系数
学生忠诚	0.716327	0.909859	0.688102	0.867762
学生满意度	0.791141	0.938076	0.699804	0.911983
感知价值	0.744938	0.853384	0.562119	0.667050
感知质量	0.410379	0.973166	0.457913	0.971575
预期质量	0.763586	0.865793	0.196583	0.694322
高校形象	0.758455	0.949406		0.935295

通过观察表7-2中路径系数（Path Coefficients）发现，预期质量与学生满意度、感知价值和感知质量之间的相关系数偏低，且与前两项成负相关。高校形象与学生满意度和感知价值之间的相关系数也不高。为了验证上述变量之间的影响是否显著，需要进一步进行t检验。

表7-2　　　　　　　　　　路径系数

	学生忠诚	学生满意度	感知价值	感知质量	预期质量	高校形象
学生忠诚						
学生满意度	0.613907					
感知价值		0.513993				
感知质量		0.769189	0.676542			
预期质量		-0.019078	-0.003809	0.108731		
高校形象	0.325713	0.512935	0.560348	0.621429	0.443377	

运行 Bootstrapping，得到 t 检验结果见表 7 – 3，给定 5% 的显著性水平，t 值应该大于 1. 96。因此，预期质量与学生满意度、感知价值和感知质量之间没有显著性影响，高校形象与感知价值之间也没有明显的影响。

表 7 – 3 结构模型的 t 统计量

	学生忠诚	学生满意度	感知价值	感知质量	预期质量	高校形象
学生忠诚						
学生满意度	9. 400046					
感知价值		6. 186848				
感知质量		5. 076458	8. 587590			
预期质量		0. 927220	1. 099143	1. 240541		
高校形象	4. 941846	0. 351507	1. 556814	7. 665791	4. 198316	

基于 t 检验的结果，本书对模型进行了修正，由于预期质量对其他三项的影响都不显著，考虑删除该结构变量。由于高校形象对感知价值的影响并不显著，不再考虑两者的相关关系。重复以上模型建立过程，得到修改后的模型如图 7 – 1 所示：

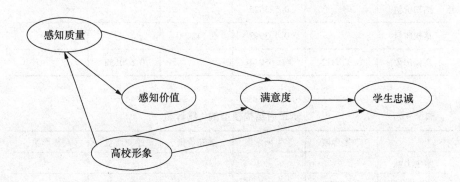

图 7 – 1 高校教育服务满意度修改模型

三 高校服务满意度模型最终模型的确定

为了检验上述模型的拟合度，重复上述检验过程，同样对修改后的模型运行 PLS Algorithm，结果显示检查修改后的模型的 Cronbach's α 值、AVE 值和 R Square，仍然保持着较好的拟合水平，甚至略有提升。但高校形象与学生满意度的路径系数仍然偏低,具体结果如表 7 - 4、表 7 - 5 和表 7 - 6 所示。

表 7 - 4　　　　　　　　　修改后模型统计量指标

	平均提取方差	组成信度	R 方	克隆巴赫系数
学生忠诚	0.716327	0.909859	0.688264	0.867762
学生满意度	0.791138	0.938075	0.699688	0.911983
感知价值	0.744534	0.853085	0.551203	0.667050
感知质量	0.410377	0.973161	0.449640	0.971575
高校形象	0.758200	0.949354		0.935295

表 7 - 5　　　　　　　　　修正后模型的路径系数

	学生忠诚	学生满意度	感知价值	感知质量	高校形象
学生忠诚					
学生满意度	0.613138				
感知价值		0.523525			
感知质量		0.403992	0.742430		
高校形象	0.326312	- 0.050448		0.670552	

表 7 - 6　　　　　　　　　修正后结构模型的 t 统计量

	学生忠诚	学生满意度	感知价值	感知质量	高校形象
学生忠诚					
学生满意度	9.633858				
感知价值		5.589184			
感知质量		4.198108	15.596975		
高校形象	5.199147	0.634430		11.208627	

表 7 - 4 表明,同修改前的表 7 - 1 相比,依然有 4 项的克隆巴赫系数 (Cronbach's α) 值达到了 0.7 以上 (未达到 0.7 的一项也比较接近该

值），这表明模型内部的一致性较好。平均提取方差（AVE）也有相同的结果，有4项的平均提取方差（AVE）达到了0.5的可接受水平，这表明除感知质量以外的结构变量解释了观测变量70%的方差。可能是因为感知质量的观测变量较多导致其AVE值偏低。组成信度（Composite Reliability）都高于0.8，这表明数据及其模型的结构效度较好。在本模型中，关心的主要是学生满意度，其R方（R Square）在0.7左右，这表明模型中的原因变量很好地解释了学生满意度70%的变化，因而修正后的模型依然具有较好的预测能力。

通过观察表7-5中路径系数（Path Coefficients）发现，删除预期质量后，学生忠诚与学生满意度、感知价值和感知质量之间的相关系数有所提高，但高校形象与学生满意度的路径系数仍然偏低。验证上述变量之间的影响是否显著，需要进一步进行t检验。

运行Bootstrapping，得到修正后结构模型的t统计量（见表7-6），在5%的显著性水平上，拒绝高校形象对学生满意度有显著影响的原假设。基于新的t检验，考虑取消高校形象对学生满意度的影响，新建立的模型如图7-2所示。

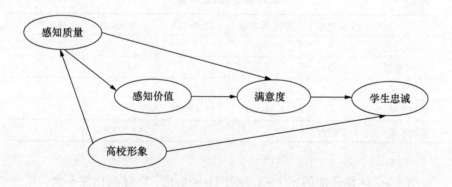

图7-2　高校教育服务满意度模型

对图7-2所示高校教育满意度模型做进一步的检验，重复上述过程，发现运行PLS Algorithm和Bootstrapping，得到表7-7、表7-8和表7-9的结果，模型拟合程度较高，且各结构变量之间有显著性影响。因而确定在正式调查中以此模型为基准。

表 7 – 7　　　　　　　　　　　　最终模型统计量指标

	平均提取方差	组成信度	R 方	克隆巴赫系数
学生忠诚	0.716327	0.909859	0.688143	0.867762
学生满意度	0.791136	0.938074	0.695533	0.911983
感知价值	0.744535	0.853085	0.551206	0.667050
感知质量	0.410376	0.973161	0.448901	0.971575
高校形象	0.758374	0.949392	—	0.935295

表 7 – 8　　　　　　　　　　　　最终模型的路径系数

	学生忠诚	学生满意度	感知价值	感知质量	高校形象
学生忠诚					
学生满意度	0.613717				
感知价值		0.516431			
感知质量		0.375426	0.742433		
高校形象	0.325814			0.670001	

表 7 – 9　　　　　　　　　　　　最终模型的 t 统计量

	学生忠诚	学生满意度	感知价值	感知质量	高校形象
学生忠诚					
学生满意度	9.836517				
感知价值		6.67381			
感知质量		5.044602	15.489572		
高校形象	5.250599			12.733565	

　　表 7 – 7 同修改前的表 7 – 1 和表 7 – 4 相比，数据变化并不大。依然有 4 项的克隆巴赫系数（Cronbach's α）值达到了 0.7 以上（未达到 0.7 的一项也比较接近该值），这表明模型内部的一致性较好。平均提取方差（AVE）也有相同的结果，有 4 项的平均提取方差（AVE）达到了 0.5 的可接受水平，这表明除感知质量以外的结构变量解释了观测变量 70% 的方差，可能是因为感知质量的观测变量较多导致其 AVE 值偏低。组成信度（Composite Reliability）都高于 0.8，这表明数据及其模型的结构效度较好。在本模型中，关心的主要是学生满意度，其 R 方（R Square）在

0.7 左右，这表明模型中的原因变量很好地解释了学生满意度 70% 的变化，因而最终模型依然具有较好的预测能力。

通过观察表 7 - 8 中路径系数（Path Coefficients）发现，同表 7 - 5 相比数据变化并不大。

基于最终模型的 t 检验（见表 7 - 9），之前验证的所有结构变量之间的关系均显著。

综上，最终模型拟合程度较高，且各结构变量之间有显著性影响。因而确定在正式调查中以此模型为基准，至此主模型的修正已经完成。

第二节　结构方程模型的分析过程

基于上一节的高校教育服务满意度结构方程模型，本节继续分析不同学生特征对于高校教育服务满意度的影响差异（读者可以对比本节的结果与第六章的相关结论）。本节目标在于找到各种因素对学生满意度的影响大小，从而有针对性地对高校教育状况提出相应的改革建议，利用 SmartPLS 软件进行迭代分析，本书得出了各个因素的因子载荷，因子载荷可以描述因子的重要性。

由于不同年级的学生对学校各项服务的需求不同，并且某些年级的同学对学校生活的一些方面还未有过体验。比如刚入学的新生对学校的奖励制度和保研制度并没有直观了解，对该校毕业生的就业情况也没有第一手的信息，而高年级同学对学校在初入学时所做的各项指导工作也往往没有印象。因此如果把不同年级的数据混在一起考察，想要得出对所有年级都相同的改进指数是不合理的。

本书根据得到的所有数据，分年级进行迭代回归，得出总体的重要性因子（RI），该因子可以表明在感知质量中每个显变量对潜变量的影响大小，教育管理部门可以参考该因子对学校的基础设施投资与管理进行指导[1]。

一　满意度影响因素的年级特征差异

本次调研回收的可用问卷中，大一有 439 份，大二 650 份，大三 365

---

① 王灯山、李倩楠：《高等教育服务满意度测评模型及影响因素的实证分析》，《鲁东大学学报》（自然科学版）2014 年第 30 卷第 4 期。

份，大四 111 份，均超过采用 SmartPLS 进行回归所要求的最小样本量。分别对四个年级的数据进行迭代回归，结果见表 7 - 10。

表 7 - 10　　　　各年级重要性因子（RI）最大的十个显变量

排序	一年级		二年级		三年级		四年级	
1	x_{36}	0.753304	x_{38}	0.684266	x_{39}	0.733966	x_{20}	0.751362
2	x_{32}	0.750347	x_7	0.674056	x_8	0.715429	x_{34}	0.731488
3	x_{37}	0.743528	x_{34}	0.669849	x_{34}	0.694494	x_{32}	0.729318
4	x_{29}	0.739664	x_{37}	0.668915	x_{24}	0.691349	x_{24}	0.715599
5	x_{35}	0.738559	x_9	0.664578	x_9	0.684333	x_{12}	0.712713
6	x_{19}	0.727468	x_{32}	0.663323	x_{38}	0.672199	x_{39}	0.694238
7	x_{38}	0.699711	x_{23}	0.661873	x_2	0.662463	x_8	0.689734
8	x_{11}	0.699628	x_{20}	0.660355	x_{12}	0.65913	x_{19}	0.680034
9	x_{20}	0.699319	x_6	0.660154	x_7	0.658689	x_{23}	0.678705
10	x_{39}	0.698831	x_{39}	0.657523	x_{14}	0.654726	x_{29}	0.676315

　　表 7 - 10 显示对于不同年级的被调查者而言，其最为重视的学校服务项目既显现出很大的差异，同时也有一定的共性。比如，一年级的新生对招生人员所提供的服务（x_{36}）特别重视，甚至成为在开学初相当长一段时间内最影响学生对学校评价的因素。同时，低年级学生对学校组织的各项课外活动，比如体育比赛等（x_{37}）较为重视，该项因素在一、二年级都排在前五名，而在高年级则未能进入前十名，排名相对较低。相对而言，高年级学生更重视由学生自主发起的各种社团运动等（x_{39}），该因素在三、四年级排名靠前，对三年级来说甚至排名第一，而在一、二年级仅仅位列第十。但总体而言，对于所有年级来说，社团活动的排名都较为靠前，均进入了前十名。除新生外的所有年级均比较在乎学校的办公效率（x_{34}），该因素在后三个年级均位列前三名，可知学校的管理水平对满意度的影响较大，而一年级入学不久，与学校管理机构的接触较少，因此对其不够重视。其他比如学校对学生的职业规划（x_{32}）、学校所举办的各种讲座（x_{38}）、通识教育（x_{20}）等因素均排名靠前。

二　满意度影响因素的学科特征差异

　　通常认为学科种类对学生会产生重要影响，文科与理工科的学生在性格、行为方式、参与公共活动的积极性等方面往往差别显著，因此有理由怀疑不同学科的学生对学校服务满意度的关注点会有所不同。通过对所得数据进行分类回归，可以发现关注点的不同所在。

根据表7-11可以看出，文科与理工科学生都比较关注的因素有学校对学生的职业规划（x_{32}）、培养方案（x_{19}）、通识教育（x_{20}）、社团活动（x_{39}）、助教辅导态度（x_{12}），这些因素在文科与理工科都进入前十名。此外，也可以发现理科学生对任课老师的水平（x_{15}）、图书馆的设施与服务（x_6，x_{25}）、老师因材施教（x_{16}）等与专业学习相关性大的因素更加重视；而文科学生则对学校的奖惩公平（x_{24}）、课余活动（x_{37}）、对特殊学生的关注（x_{23}）、课程内容（x_{18}，x_{17}）等与学校人文和成长环境相关的因素更加重视，并且对社会活动有更高的参与意愿。这些发现与平时对不同学科学生的印象基本相符。

表7-11　　　　　　　文科与理工科重要性因子最大的十个显变量

排序	理工科		文科	
1	x_{32}	0.744258	x_{24}	0.682796
2	x_{15}	0.732061	x_{32}	0.668978
3	x_{19}	0.723893	x_{20}	0.662796
4	x_{25}	0.722994	x_{37}	0.661911
5	x_6	0.71562	x_{23}	0.648157
6	x_{16}	0.714686	x_{39}	0.647831
7	x_{34}	0.711528	x_{18}	0.647509
8	x_{20}	0.709951	x_{12}	0.636253
9	x_{12}	0.699311	x_{17}	0.634302
10	x_{39}	0.695249	x_{19}	0.633325

三 满意度影响因素的性别特征差异

基于性别对行为与感知影响的假设，本书根据不同性别对数据进行分类回归，得到如表7-12所示的结果。可以看出，相对而言，对女生影响最大的因素多与学习和就业直接相关，如教师因材施教（x_{16}）、学生培养方案（x_{19}）、专业课内容（x_{17}）、老师对学生的学术指导（x_{14}），这些在女生重要性因子中排名前十而在男生重要性因子中排名较靠后，没有进入前十。对男生来说，社团活动（x_{39}）、学校对特殊学生的关注（x_{23}）、学校办公效率（x_{34}）、图书馆服务水平（x_{25}）等因素较为重要。这一差异说明了女生对于大学生活有着更为实用而现实的考虑，而男生则更注重学校所提供的直接服务质量。

表 7 – 12   不同性别重要性因子最大的十个显变量

排序	男		女	
1	x_{39}	0.693823	x_{32}	0.711672
2	x_{24}	0.675465	x_{20}	0.69712
3	x_{23}	0.670409	x_{16}	0.689477
4	x_{32}	0.670335	x_{24}	0.683689
5	x_{18}	0.666539	x_{19}	0.681905
6	x_{34}	0.66482	x_{29}	0.67899
7	x_{12}	0.664453	x_{17}	0.678782
8	x_{25}	0.664067	x_{14}	0.674915
9	x_{29}	0.663305	x_{12}	0.663774
10	x_{20}	0.655675	x_{18}	0.662995

四　满意度影响因素的生源特征差异

关于城乡差异对学生关注点的影响，本书根据学生来源对数据进行了分类回归，结果如表 7 – 13 所示。农村与城镇学生中排名前十的重要性因子重复的只有 4 个（x_{32}，x_{29}，x_{39}，x_{20}），城乡差异在此处的影响表面上比较大，但是仔细分析可知，虽然重要性因子差异较大，但是排名前十的重要性因子所涵盖的内容很相似，并没有性别差异和文理科差异对学生关注点的影响大。其原因是如今能考入好大学的农村学生多数都在城镇地区接受过中学教育，本身较早受到城市生活的影响，在价值观方面与城镇学生差别不大。

表 7 – 13   农村与城镇学生重要性因子最大的十个显变量

排序	农村		城镇	
1	x_{32}	0.722327	x_{24}	0.71446
2	x_{29}	0.673871	x_{20}	0.69277
3	x_{15}	0.673792	x_{19}	0.684558
4	x_{39}	0.664162	x_{18}	0.682699

排序	农村		城镇	
5	x_{17}	0.65958	x_{29}	0.678824
6	x_{16}	0.654978	x_{12}	0.677642
7	x_{20}	0.652656	x_{32}	0.677288
8	x_8	0.65225	x_{14}	0.667813
9	x_{34}	0.652134	x_{39}	0.665287
10	x_{37}	0.6408	x_{23}	0.661938

五　基于不同学生特征的实证结论

目前，我国的高等教育水平普遍落后，至少与经济发展速度不相匹配。

从调查数据来看，不同年级、不同学科、性别以及生源地的学生对于高校教育的满意度关注点不同。具体来说，不同年级被调查者重视的学校服务项目差别很大，低年级学生较为重视招生人员所提供的服务、课外活动等，高年级的学生则不太重视这些因素。文科和理科学生虽然都比较注重职业规划、培养方案等学校服务，但是理科学生比较重视任课老师的水平、图书馆设施等与专业学习相关性大的因素，文科学生比较重视学校的奖惩公平、课余活动、对特殊学生的关注等与学校人文和成长环境比较相关的因素。对于女生影响较大的因素是教师因材施教、学生培养方案、专业课内容等与学习、就业直接相关的服务内容。相比之下，对于男生影响较大的因素是社团活动、学校对特殊学生的关注、学校办公效率等学校直接服务的质量。同时，本次研究发现不同生源地的学生对于高校教育满意度的影响因素涵盖内容十分相似，并没有出现性别、文理科差异这么明显的关注点不同现象，原因可能在于进入同一所高校的农村学生与城镇学生在价值观方面差别并不大。

第三节　基于因素改进指数的实证设计与结果

一　因素改进指数的设计

在以上高校教育服务满意度评测最终模型的基础上，为了具体研究每一个因素对于满意度改进的贡献程度，本节又设计了因素改进指数。因素改进指数由杨振东于 2008 年首次提出，其基本思想比较简单，学生针对每个因素的评价是其对高校教育服务的学生满意度水平的自我认识，如果对某一因素的评价低，并且学生又认为该因素比较重要，那么该因素就会对学生满意度水平产生较大影响，则该高校就应该将学校资源重点用于改进该因素。具体计算公式如式 (7.1) 所示：

$$FI = RI \times (EO - EB) \tag{7.1}$$

其中，FI 表示因素改进指数；

RI 表示因素重要性；

EO 表示学生对本校此项因素评价；

EB 表示学生对最优高校此项因素评价。

首先，由于在本书中，每一项感知质量的最高得分是 7 分，并且分数差别并不是很明显，本书将以上改进指数做出修订，将得分扩大 100 倍；其次，我们选取的高校多为专业院校，可能在某些因素上表现十分出色，将这些特殊的因素作为所有高校的衡量标准可能会失去实证的研究价值，因此本书将学生对最优高校此项因素评价 EB 改为所有学生对此项因素评价的平均值 EA，希望可以给各个高校提供更有效的参考价值。

同时，为了与因素改进指数区别，本书将其命名为高校改进指数 SI 用来衡量某高校教育服务中某因素急需改进的程度，其具体计算公式如下所示：

$$SI = RI \times (EO - EA) \times RI \tag{7.2}$$

其中，SI 表示高校改进指数；

RI 表示该因素重要性，也是其对满意度的影响程度（以因子载荷代替）；

EO 表示学生对本校此项因素的评价；

EA 表示所有学生对学校此项因素的评价。

高校改进指数充分显示了某项因素所需要进行改进的重要程度。在具体计算过程中，正的指数越大，则该项因素在与其他学校的竞争中越有优势，该高校应该保持这种优势；相反，负的指数越大，则该项因素与平均水平差异越大，该高校应该重视并着手改进该项因素。

二　北京各高校因素改进指数的实证分析

在此次问卷调查中，北京市几所高校的满意度平均值为 4.722208，方差为 2.680339。这个数值偏向于对高校教育满意，但偏向程度极小，说明北京高校教育服务存在较大的改进空间。与此同时方差也较大，说明高校学生对于高校教育服务的褒贬不一，未来高校教育在重视个体的个性和促使学生个性化发展方面要加大投入力度。

本书在以下 11 所大学的高校改进指数中，分别选取得分最低和最高的五项进行分析，得出每所大学的学生满意度平均值以及劣势项目和优势项目。

（一）北京航空航天大学

北京航空航天大学的学生满意度平均值为 4.960784，略高于平均水平。方差为 0.205351。

从表 7 - 14 可以看出，北京航空航天大学劣势项目有：校医院提供令人满意的医疗服务 (x_{26})，学校关心有缺陷学生 (x_{23})，老师平易近人 (x_{13})，学生体检等收费合理 (x_{22})，学校保研制度公平合理 (x_{21})；优势项目有：学校周边环境良好、交通便利 (x_4)，供学生活动的场所充足 (x_7)，教室有足够的教学设备 (x_8)，学校有浓厚的学术氛围 (x_2)，校园环境优美 (x_3)。

表 7 - 14　　　　　　　　　北京航空航天大学改进指数

		EO	EA	分差	重要性 RI	改进指数
x_1	1. 校园及周边治安良好	5.190045	5.284433	-0.09439	0.438882	-0.04142
x_{27}	27. 宿舍环境舒适（空间，采光，保暖，通风等）	3.737557	4.095037	-0.35748	0.422068	-0.15088
x_{34}	34. 学校办公效率高	4.180995	4.360084	-0.17909	0.624961	-0.11192
x_{21}	21. 学校的保研制度公平合理	4.588235	4.744456	-0.15622	0.509976	-0.07967
x_{19}	19. 学生的培养方案清晰明确	4.692308	4.780887	-0.08858	0.618301	-0.05477
x_{32}	32. 学生的职业规划能够得到有价值的指导	4.504545	4.522727	-0.01818	0.698608	-0.0127

续表

		EO	EA	分差	重要性 RI	改进指数
x_{26}	26. 校医院提供令人满意的医疗服务	4.140909	4.155837	-0.01493	0.527065	-0.00787
x_{16}	16. 老师因材施教，教学有针对性	4.660633	4.645723	0.01491	0.583731	0.008704
x_{18}	18. 专业课课程设置合理	4.78733	4.747096	0.040234	0.613352	0.024678
x_{33}	33. 学生手册提供了有用的信息	4.828054	4.754886	0.073168	0.686879	0.050257
x_{23}	23. 学校关注身体有缺陷的学生	4.936652	4.792503	0.144149	0.727598	0.104882
x_{35}	35. 学校对新生有特别指导以使他们适应校园生活	4.891403	4.725977	0.165426	0.738947	0.122241
x_{30}	30. 食堂里的食品味道可口，品种多样，价格合理	4.429864	4.135692	0.294173	0.473387	0.139257
x_{13}	13. 老师平易近人，容易相处	5.497738	5.295671	0.202067	0.707174	0.142897
x_{17}	17. 专业课程的内容是有价值的	5.352941	5.095565	0.257376	0.555966	0.143092
x_{29}	29. 学校对突发事件反应迅速	4.855204	4.647307	0.207896	0.705089	0.146585
x_{36}	36. 招生处工作人员热情负责，相关知识丰富	4.809955	4.596621	0.213334	0.718584	0.153298
x_{14}	14. 老师给予学生充足的学术指导	5.172727	4.933439	0.239288	0.672505	0.160923
x_{28}	28. 注册手续简便	5.022727	4.765576	0.257152	0.639695	0.164499
x_{20}	20. 学校提供有价值的通识教育	5.063348	4.755016	0.308333	0.563091	0.173619
x_{22}	22. 学校其他收费（包括体检，证件办理）合理	5.076923	4.754488	0.322435	0.585752	0.188867
x_{24}	24. 学校对学生的奖惩公平合理	5.040909	4.70206	0.338849	0.724674	0.245555
x_{12}	12. 助教认真负责	4.995475	4.577086	0.41839	0.591598	0.247518

续表

		EO	EA	分差	重要性 RI	改进指数
x_4	4. 学校周边环境良好，地理位置便利	5.563636	5.141499	0.422137	0.595458	0.251365
x_{31}	31. 学生公寓工作人员的服务态度良好	5.18552	4.733897	0.451624	0.592935	0.267784
x_2	2. 学校有浓厚的学术氛围	5.515837	5.030079	0.485758	0.602125	0.292487
x_{15}	15. 任课老师知识丰富，业务素质良好	5.511312	5.06283	0.448482	0.673696	0.302141
x_{25}	25. 图书馆工作人员态度友好并能很好地提供帮助	5.321267	4.914995	0.406272	0.744396	0.302427
x_{11}	11. 老师对学生一视同仁	5.213636	4.725304	0.488333	0.714907	0.349112
x_{10}	10. 自习室充足	4.651584	3.914467	0.737117	0.539406	0.397605
x_{37}	37. 学校组织丰富多彩的课余活动（如体育比赛）	5.266968	4.63886	0.628109	0.681286	0.427922
x_{39}	39. 社团活动丰富多样，活动质量高	5.459091	4.673706	0.785384	0.699637	0.549484
x_5	5. 图书馆有丰富的资源和良好的信息服务	5.986425	5.063886	0.922539	0.596954	0.550714
x_7	7. 供学生活动的场所充足	4.701357	3.687962	1.013395	0.543825	0.55111
x_9	9. 学校有充足的体育设施	4.696833	3.74076	0.956072	0.581179	0.555649
x_{38}	38. 学校提供的讲座等活动满足了学生的需求	5.547511	4.728089	0.819423	0.682021	0.558863
x_6	6. 图书馆硬件设施完备，环境舒适	5.755656	4.845829	0.909827	0.632045	0.575052
x_8	8. 教室有足够的教学设备	5.117647	4.090813	1.026834	0.646336	0.66368
x_3	3. 校园环境优美	5.61991	4.357256	1.262654	0.55552	0.701429

（二）北京大学

北京大学的学生满意度平均值为5.400452，远高于其他高校。方差是2.426576。

从表7-15中可以看出，北京大学的劣势项目有：宿舍环境舒适度（x_{27}），学校办公效率（x_{34}），学校保研制度公平合理度（x_{21}），学术培养方案清晰明确度（x_{19}），校园及周边治安良好度（x_1）；优势项目有：学校有充足的体育设备（x_9），学校提供的讲座等活动满足学生需求（x_{38}），图书馆硬件设施完备、环境舒适（x_6），教室有充足的教学设备（x_8），校园环境优美（x_3）。

表 7 – 15　　　　　　　　　　北京大学改进指数

		EO	EA	分差	重要性 RI	改进指数
x_1	1. 校园及周边治安良好	5.190045	5.284433	-0.09439	0.438882	-0.04142
x_{27}	27. 宿舍环境舒适（空间，采光，保暖，通风等）	3.737557	4.095037	-0.35748	0.422068	-0.15088
x_{34}	34. 学校办公效率高	4.180995	4.360084	-0.17909	0.624961	-0.11192
x_{21}	21. 学校的保研制度公平合理	4.588235	4.744456	-0.15622	0.509976	-0.07967
x_{19}	19. 学生的培养方案清晰明确	4.692308	4.780887	-0.08858	0.618301	-0.05477
x_{32}	32. 学生的职业规划能够得到有价值的指导	4.504545	4.522727	-0.01818	0.698608	-0.0127
x_{26}	26. 校医院提供令人满意的医疗服务	4.140909	4.155837	-0.01493	0.527065	-0.00787
x_{16}	16. 老师因材施教，教学有针对性	4.660633	4.645723	0.01491	0.583731	0.008704
x_{18}	18. 专业课课程设置合理	4.78733	4.747096	0.040234	0.613352	0.024678
x_{33}	33. 学生手册提供了有用的信息	4.828054	4.754886	0.073168	0.686879	0.050257
x_{23}	23. 学校关注身体有缺陷的学生	4.936652	4.792503	0.144149	0.727598	0.104882
x_{35}	35. 学校对新生有特别指导以使他们适应校园生活	4.891403	4.725977	0.165426	0.738947	0.122241
x_{30}	30. 食堂里的食品味道可口，品种多样，价格合理	4.429864	4.135692	0.294173	0.473387	0.139257
x_{13}	13. 老师平易近人，容易相处	5.497738	5.295671	0.202067	0.707174	0.142897
x_{17}	17. 专业课程的内容是有价值的	5.352941	5.095565	0.257376	0.555966	0.143092

续表

		EO	*EA*	分差	重要性 *RI*	改进指数
x_{29}	29. 学校对突发事件反应迅速	4.855204	4.647307	0.207896	0.705089	0.146585
x_{36}	36. 招生处工作人员热情负责，相关知识丰富	4.809955	4.596621	0.213334	0.718584	0.153298
x_{14}	14. 老师给予学生充足的学术指导	5.172727	4.933439	0.239288	0.672505	0.160923
x_{28}	28. 注册手续简便	5.022727	4.765576	0.257152	0.639695	0.164499
x_{20}	20. 学校提供有价值的通识教育	5.063348	4.755016	0.308333	0.563091	0.173619
x_{22}	22. 学校其他收费（包括体检，证件办理）合理	5.076923	4.754488	0.322435	0.585752	0.188867
x_{24}	24. 学校对学生的奖惩公平合理	5.040909	4.70206	0.338849	0.724674	0.245555
x_{12}	12. 助教认真负责	4.995475	4.577086	0.41839	0.591598	0.247518
x_4	4. 学校周边环境良好，地理位置便利	5.563636	5.141499	0.422137	0.595458	0.251365
x_{31}	31. 学生公寓工作人员的服务态度良好	5.18552	4.733897	0.451624	0.592935	0.267784
x_2	2. 学校有浓厚的学术氛围	5.515837	5.030079	0.485758	0.602125	0.292487
x_{15}	15. 任课老师知识丰富，业务素质良好	5.511312	5.06283	0.448482	0.673696	0.302141
x_{25}	25. 图书馆工作人员态度友好并能很好地提供帮助	5.321267	4.914995	0.406272	0.744396	0.302427
x_{11}	11. 老师对学生一视同仁	5.213636	4.725304	0.488333	0.714907	0.349112
x_{10}	10. 自习室充足	4.651584	3.914467	0.737117	0.539406	0.397605
x_{37}	37. 学校组织丰富多彩的课余活动（如体育比赛）	5.266968	4.63886	0.628109	0.681286	0.427922
x_{39}	39. 社团活动丰富多样，活动质量高	5.459091	4.673706	0.785384	0.699637	0.549484
x_5	5. 图书馆有丰富的资源和良好的信息服务	5.986425	5.063886	0.922539	0.596954	0.550714

续表

		EO	EA	分差	重要性 RI	改进指数
x_7	7. 供学生活动的场所充足	4.701357	3.687962	1.013395	0.543825	0.55111
x_9	9. 学校有充足的体育设施	4.696833	3.74076	0.956072	0.581179	0.555649
x_{38}	38. 学校提供的讲座等活动满足了学生的需求	5.547511	4.728089	0.819423	0.682021	0.558863
x_6	6. 图书馆硬件设施完备，环境舒适	5.755656	4.845829	0.909827	0.632045	0.575052
x_8	8. 教室有足够的教学设备	5.117647	4.090813	1.026834	0.646336	0.66368
x_3	3. 校园环境优美	5.61991	4.357256	1.262654	0.55552	0.701429

（三）北京工业大学

北京工业大学的满意度平均值为 3.807692，低于平均水平，说明学生对其高校教育服务是不太满意的，方差为 3.521538。

从表 7-16 可以看出，北京工业大学的劣势项目有：专业课程内容价值度（x_{17}），学生培养方案清晰明确度（x_{19}），学校提供有价值的通识教育（x_{20}），学校周边环境良好、地理位置便利度（x_4），专业课程设置合理度（x_{18}）；优势项目有：自习室充足（x_{10}），学校环境优美度（x_3），供学生活动的场所充足度（x_7），学校有充足的体育设施（x_9），教室有足够的教学设备（x_8）。

表 7-16　　　　　　　　　北京工业大学改进指数

		EO	EA	分差	重要性 RI	改进指数
x_{17}	17. 专业课程的内容是有价值的	3.8462	5.0956	-1.2494	0.6052	-0.7562
x_{19}	19. 学生的培养方案清晰明确	3.7692	4.7809	-1.0117	0.6852	-0.6932
x_{20}	20. 学校提供有价值的通识教育	3.8462	4.7550	-0.9089	0.7210	-0.6553
x_4	4. 学校周边环境良好，地理位置便利	3.0000	5.1415	-2.1415	0.2838	-0.6077
x_{18}	18. 专业课课程设置合理	4.0000	4.7471	-0.7471	0.6666	-0.4980

续表

		EO	*EA*	分差	重要性 *RI*	改进指数
x_{30}	30. 食堂里的食品味道可口，品种多样，价格合理	3.5385	4.1357	-0.5972	0.6520	-0.3894
x_{34}	34. 学校办公效率高	3.8462	4.3601	-0.5139	0.7238	-0.3720
x_{36}	36. 招生处工作人员热情负责，相关知识丰富	4.1538	4.5966	-0.4428	0.8019	-0.3550
x_{2}	2. 学校有浓厚的学术氛围	4.4615	5.0301	-0.5685	0.5800	-0.3298
x_{27}	27. 宿舍环境舒适（空间，采光，保暖，通风等）	3.3077	4.0950	-0.7873	0.3853	-0.3033
x_{31}	31. 学生公寓工作人员的服务态度良好	4.3077	4.7339	-0.4262	0.5897	-0.2513
x_{12}	12. 助教认真负责	4.2308	4.5771	-0.3463	0.6605	-0.2288
x_{21}	21. 学校的保研制度公平合理	4.4615	4.7445	-0.2829	0.7460	-0.2111
x_{14}	14. 老师给予学生充足的学术指导	4.6154	4.9334	-0.3181	0.6452	-0.2052
x_{29}	29. 学校对突发事件反应迅速	4.4615	4.6473	-0.1858	0.7218	-0.1341
x_{22}	22. 学校其他收费（包括体检，证件办理）合理	4.5385	4.7545	-0.2160	0.5944	-0.1284
x_{37}	37. 学校组织丰富多彩的课余活动（如体育比赛）	4.4615	4.6389	-0.1773	0.6662	-0.1181
x_{1}	1. 校园及周边治安良好	4.9231	5.2844	-0.3614	0.3265	-0.1180
x_{5}	5. 图书馆有丰富的资源和良好的信息服务	4.8462	5.0639	-0.2177	0.5132	-0.1117
x_{23}	23. 学校关注身体有缺陷的学生	4.6154	4.7925	-0.1771	0.6001	-0.1063
x_{32}	32. 学生的职业规划能够得到有价值的指导	4.1538	4.5227	-0.3689	0.2715	-0.1001
x_{38}	38. 学校提供的讲座等活动满足了学生的需求	4.6154	4.7281	-0.1127	0.7541	-0.0850
x_{35}	35. 学校对新生有特别指导以使他们适应校园生活	4.6154	4.7260	-0.1106	0.7318	-0.0809

续表

		EO	EA	分差	重要性 RI	改进指数
x_{26}	26. 校医院提供令人满意的医疗服务	4.0000	4.1558	-0.1558	0.4580	-0.0714
x_{16}	16. 老师因材施教，教学有针对性	4.5385	4.6457	-0.1073	0.6156	-0.0660
x_{13}	13. 老师平易近人，容易相处	5.2308	5.2957	-0.0649	0.7217	-0.0468
x_{25}	25. 图书馆工作人员态度友好并能很好地提供帮助	4.8462	4.9150	-0.0688	0.6620	-0.0456
x_{24}	24. 学校对学生的奖惩公平合理	4.6923	4.7021	-0.0098	0.7207	-0.0070
x_{33}	33. 学生手册提供了有用的信息	4.7692	4.7549	0.0143	0.6786	0.0097
x_{28}	28. 注册手续简便	4.8462	4.7656	0.0806	0.5814	0.0469
x_6	6. 图书馆硬件设施完备，环境舒适	4.9231	4.8458	0.0772	0.6174	0.0477
x_{39}	39. 社团活动丰富多样，活动质量高	4.7692	4.6737	0.0955	0.7128	0.0681
x_{15}	15. 任课老师知识丰富，业务素质良好	5.2308	5.0628	0.1679	0.6594	0.1107
x_{11}	11. 老师对学生一视同仁	4.9231	4.7253	0.1978	0.6754	0.1336
x_{10}	10. 自习室充足	4.6923	3.9145	0.7778	0.5111	0.3976
x_3	3. 校园环境优美	5.3077	4.3573	0.9504	0.5674	0.5393
x_7	7. 供学生活动的场所充足	4.6154	3.6880	0.9274	0.6736	0.6247
x_9	9. 学校有充足的体育设施	4.7692	3.7408	1.0285	0.6244	0.6422
x_8	8. 教室有足够的教学设备	5.2308	4.0908	1.1400	0.7357	0.8387

（四）北京化工大学

北京化工大学学生满意度的平均值为 3.996479，低于平均水平。方差为 2.851578。

从表 7－17 中可以看出，北京化工大学的劣势项目有：食堂里的食品味道可口、品种多样、价格合理程度（x_{30}），校园环境优美度（x_3），学校学术氛围浓厚度（x_2），校医院提供医疗服务满意情况（x_{26}），图书馆拥有资源和信息服务程度（x_5）；优势项目有：教室有足够教学设备度（x_8），助教认真负责度（x_{12}），供学生活动场所充足度（x_7），注册手续方便度（x_{28}），学生手册提供了有用信息（x_{33}）。

表 7 – 17　　　　　　　　　　北京化工大学改进指数

		EO	EA	分差	重要性 RI	改进指数
x_{38}	38. 学校提供的讲座等活动满足了学生的需求	3. 3662	4. 1357	− 0. 7695	0. 8042	− 0. 6188
x_{11}	11. 老师对学生一视同仁	3. 8380	4. 3573	− 0. 5192	0. 6070	− 0. 3152
x_{29}	29. 学校对突发事件反应迅速	4. 5986	5. 0301	− 0. 4315	0. 6835	− 0. 2949
x_3	3. 校园环境优美	3. 7535	4. 1558	− 0. 4023	0. 6945	− 0. 2794
x_{13}	13. 老师平易近人，容易相处	4. 6831	5. 0639	− 0. 3808	0. 5114	− 0. 1947
x_{26}	26. 校医院提供令人满意的医疗服务	4. 4718	4. 7809	− 0. 3091	0. 6143	− 0. 1898
x_6	6. 图书馆硬件设施完备，环境舒适	4. 5845	4. 8458	− 0. 2613	0. 6740	− 0. 1761
x_1	1. 校园及周边治安良好	4. 9507	5. 2844	− 0. 3337	0. 4985	− 0. 1664
x_{17}	17. 专业课程的内容是有价值的	4. 5282	4. 7471	− 0. 2189	0. 7144	− 0. 1564
x_9	9. 学校有充足的体育设施	4. 9014	5. 0956	− 0. 1942	0. 7443	− 0. 1445
x_7	7. 供学生活动的场所充足	4. 7676	4. 9334	− 0. 1658	0. 7712	− 0. 1279
x_{19}	19. 学生的培养方案清晰明确	4. 5845	4. 7339	− 0. 1494	0. 6746	− 0. 1008
x_{37}	37. 学校组织丰富多彩的课余活动（如体育比赛）	5. 1620	5. 2957	− 0. 1337	0. 6803	− 0. 0910
x_{28}	28. 注册手续简便	4. 5845	4. 7445	− 0. 1599	0. 5637	− 0. 0902
x_{33}	33. 学生手册提供了有用的信息	3. 8099	4. 0950	− 0. 2852	0. 2669	− 0. 0761
x_{20}	20. 学校提供有价值的通识教育	4. 6831	4. 7925	− 0. 1094	0. 6841	− 0. 0748

		EO	EA	分差	重要性 RI	改进指数
x_{23}	23. 学校关注身体有缺陷的学生	4.4539	4.5227	−0.0688	0.7381	−0.0508
x_{18}	18. 专业课课程设置合理	3.8310	3.9145	−0.0835	0.6011	−0.0502
x_{31}	31. 学生公寓工作人员的服务态度良好	4.8239	4.9150	−0.0911	0.5013	−0.0456
x_8	8. 教室有足够的教学设备	4.5845	4.6473	−0.0628	0.6833	−0.0429
x_{22}	22. 学校其他收费（包括体检、证件办理）合理	4.5845	4.6457	−0.0612	0.6948	−0.0425
x_4	4. 学校周边环境良好，地理位置便利	4.2958	4.3601	−0.0643	0.5519	−0.0355
x_{35}	35. 学校对新生有特别指导以使他们适应校园生活	5.0282	5.0628	−0.0347	0.6851	−0.0237
x_{12}	12. 助教认真负责	5.1127	5.1415	−0.0288	0.6223	−0.0179
x_{30}	30. 食堂里的食品味道可口、品种多样、价格合理	4.6901	4.7021	−0.0119	0.5298	−0.0063
x_5	5. 图书馆有丰富的资源和良好的信息服务	4.7535	4.7550	−0.0015	0.6520	−0.0010
x_{10}	10. 自习室充足	3.7394	3.7408	−0.0013	0.6862	−0.0009
x_{21}	21. 学校的保研制度公平合理	4.6056	4.6389	−0.0332		0.0000
x_{24}	24. 学校对学生的奖惩公平合理	4.7746	4.7260	0.0487		0.0000
x_{34}	34. 学校办公效率高	4.6056	4.5966	0.0090		0.0000
x_{36}	36. 招生处工作人员热情负责，相关知识丰富	4.2676	4.6737	−0.4061		0.0000
x_{39}	39. 社团活动丰富多样，活动质量高	4.5282	4.7281	−0.1999		0.0000
x_{14}	14. 老师给予学生充足的学术指导	4.7676	4.7545	0.0131	0.6784	0.0089
x_{27}	27. 宿舍环境舒适（空间、采光、保暖、通风等）	4.7535	4.7253	0.0282	0.6695	0.0189

续表

		EO	EA	分差	重要性 RI	改进指数
x_{32}	32. 学生的职业规划能够得到有价值的指导	4.1197	4.0908	0.0289	0.7213	0.0208
x_2	2. 学校有浓厚的学术氛围	4.6408	4.5771	0.0638	0.6207	0.0396
x_{15}	15. 任课老师知识丰富，业务素质良好	3.7887	3.6880	0.1008	0.5651	0.0569
x_{25}	25. 图书馆工作人员态度友好并能很好地提供帮助	5.0211	4.7656	0.2556	0.7598	0.1942
x_{16}	16. 老师因材施教，教学有针对性	5.1268	4.7549	0.3719	0.7723	0.2872

（五）北京邮电大学

北京邮电大学学生满意度的平均值为4.8875，比平均水平高，方差为2.65807。

从表7-18中可以看出，北京邮电大学的劣势项目有：自习室充足（x_{10}），食堂里的食品味道可口、品种多样、价格合理（x_{30}），学校办公效率高（x_{34}），学校提供有价值的通识教育（x_{20}），校园环境优美（x_3）；优势项目有：图书馆资源丰富和信息服务良好度（x_5），教室有足够的教学设备（x_8），助教认真负责（x_{12}），学生公寓工作人员服务态度良好度（x_{31}），图书馆工作人员态度良好度及提供服务有效度（x_{25}）。

表7-18 北京邮电大学改进指数

		EO	EA	分差	重要性 RI	改进指数
x_{10}	10. 自习室充足	2.8500	3.9145	-1.0645	0.6269	-0.6673
x_{30}	30. 食堂里的食品味道可口、品种多样、价格合理	3.4750	4.1357	-0.6607	0.5945	-0.3928
x_{34}	34. 学校办公效率高	3.9000	4.3601	-0.4601	0.8453	-0.3889
x_{20}	20. 学校提供有价值的通识教育	4.4500	4.7550	-0.3050	0.7705	-0.2350
x_3	3. 校园环境优美	4.0250	4.3573	-0.3323	0.5453	-0.1812
x_{16}	16. 老师因材施教，教学有针对性	4.5000	4.6457	-0.1457	0.7225	-0.1053

续表

		EO	*EA*	分差	重要性 *RI*	改进指数
x_{32}	32. 学生的职业规划能够得到有价值的指导	4.4000	4.5227	-0.1227	0.8174	-0.1003
x_2	2. 学校有浓厚的学术氛围	4.8500	5.0301	-0.1801	0.5267	-0.0948
x_{21}	21. 学校的保研制度公平合理	4.6250	4.7445	-0.1195	0.7850	-0.0938
x_{35}	35. 学校对新生有特别指导以使他们适应校园生活	4.6250	4.7260	-0.1010	0.8183	-0.0826
x_{18}	18. 专业课课程设置合理	4.6750	4.7471	-0.0721	0.7040	-0.0508
x_{33}	33. 学生手册提供了有用的信息	4.7000	4.7549	-0.0549	0.7247	-0.0398
x_{19}	19. 学生的培养方案清晰明确	4.7500	4.7809	-0.0309	0.6673	-0.0206
x_{23}	23. 学校关注身体有缺陷的学生	4.8000	4.7925	0.0075	0.5611	0.0042
x_7	7. 供学生活动的场所充足	3.7000	3.6880	0.0120	0.7272	0.0088
x_{28}	28. 注册手续简便	4.8000	4.7656	0.0344	0.6373	0.0219
x_{14}	14. 老师给予学生充足的学术指导	4.9750	4.9334	0.0416	0.6318	0.0263
x_4	4. 学校周边环境良好，地理位置便利	5.2000	5.1415	0.0585	0.6610	0.0387
x_6	6. 图书馆硬件设施完备，环境舒适	4.9250	4.8458	0.0792	0.6856	0.0543
x_{39}	39. 社团活动丰富多样，活动质量高	4.7500	4.6737	0.0763	0.7534	0.0575
x_{38}	38. 学校提供的讲座等活动满足了学生的需求	4.8250	4.7281	0.0969	0.7561	0.0733
x_{36}	36. 招生处工作人员热情负责，相关知识丰富	4.7000	4.5966	0.1034	0.8474	0.0876
x_{27}	27. 宿舍环境舒适（空间、采光、保暖、通风等）	4.2500	4.0950	0.1550	0.6265	0.0971
x_{37}	37. 学校组织丰富多彩的课余活动（如体育比赛）	4.7750	4.6389	0.1361	0.7780	0.1059

续表

		EO	EA	分差	重要性 RI	改进指数
x_{17}	17. 专业课程的内容是有价值的	5.2750	5.0956	0.1794	0.5942	0.1066
x_{29}	29. 学校对突发事件反应迅速	4.8000	4.6473	0.1527	0.6986	0.1067
x_1	1. 校园及周边治安良好	5.4750	5.2844	0.1906	0.6215	0.1184
x_9	9. 学校有充足的体育设施	3.9750	3.7408	0.2342	0.7294	0.1709
x_{13}	13. 老师平易近人，容易相处	5.6500	5.2957	0.3543	0.5341	0.1892
x_{22}	22. 学校其他收费（包括体检、证件办理）合理	5.0500	4.7545	0.2955	0.7207	0.2130
x_{24}	24. 学校对学生的奖惩公平合理	5.0750	4.7021	0.3729	0.6009	0.2241
x_{26}	26. 校医院提供令人满意的医疗服务	4.5750	4.1558	0.4192	0.6324	0.2651
x_{15}	15. 任课老师知识丰富，业务素质良好	5.5000	5.0628	0.4372	0.6575	0.2874
x_5	5. 图书馆有丰富的资源和良好的信息服务	5.5500	5.0639	0.4861	0.6188	0.3008
x_8	8. 教室有足够的教学设备	4.5500	4.0908	0.4592	0.7044	0.3235
x_{12}	12. 助教认真负责	5.0250	4.5771	0.4479	0.7438	0.3332
x_{31}	31. 学生公寓工作人员的服务态度良好	5.4000	4.7339	0.6661	0.5806	0.3867
x_{25}	25. 图书馆工作人员态度友好并能很好地提供帮助	5.8000	4.9150	0.8850	0.5753	0.5092
x_{11}	11. 老师对学生一视同仁	5.5000	4.7253	0.7747	0.7483	0.5797

（六）北京林业大学

北京林业大学学生满意度的平均值为 3.776836，低于平均水平，方差为 2.695099。

从表 7 - 19 中可以看出，北京林业大学的劣势项目有：学生培养方案清晰明确度（x_{19}），学校提供有效的通识教育（x_{20}），学校学术氛围浓厚度（x_2），宿舍环境舒适度（x_{27}），学生职业规划指导有效度（x_{32}）；优势项目有：老师对学生一视同仁程度（x_{11}），学校组织的课余活动丰富度（x_{37}），教室有足够的教学设备（x_8），校园环境优美度（x_3），食堂里的食品味道可口、品种多样、价格合理度（x_{30}）。

表 7 – 19　　　　　　　　　　北京林业大学改进指数

		EO	EA	分差	重要性 RI	改进指数
x_{19}	19. 学生的培养方案清晰明确	4.2147	4.7809	− 0.5662	0.7551	− 0.4275
x_{20}	20. 学校提供有价值的通识教育	4.2316	4.7550	− 0.5234	0.7577	− 0.3966
x_2	2. 学校有浓厚的学术氛围	4.4576	5.0301	− 0.5725	0.6493	− 0.3717
x_{27}	27. 宿舍环境舒适（空间、采光、保暖、通风等）	3.4746	4.0950	− 0.6205	0.5378	− 0.3337
x_{32}	32. 学生的职业规划能够得到有价值的指导	4.1130	4.5227	− 0.4097	0.8019	− 0.3286
x_{21}	21. 学校的保研制度公平合理	4.3559	4.7445	− 0.3885	0.7517	− 0.2920
x_{18}	18. 专业课课程设置合理	4.3842	4.7471	− 0.3629	0.6437	− 0.2336
x_{38}	38. 学校提供的讲座等活动满足了学生的需求	4.4068	4.7281	− 0.3213	0.7235	− 0.2325
x_{26}	26. 校医院提供令人满意的医疗服务	3.8136	4.1558	− 0.3423	0.6238	− 0.2135
x_{34}	34. 学校办公效率高	4.0621	4.3601	− 0.2979	0.7113	− 0.2119
x_{39}	39. 社团活动丰富多样，活动质量高	4.4068	4.6737	− 0.2669	0.6982	− 0.1864
x_{17}	17. 专业课程的内容是有价值的	4.8249	5.0956	− 0.2707	0.6390	− 0.1730
x_{23}	23. 学校关注身体有缺陷的学生	4.5593	4.7925	− 0.2332	0.7289	− 0.1700
x_{33}	33. 学生手册提供了有用的信息	4.5254	4.7549	− 0.2295	0.7182	− 0.1648
x_{25}	25. 图书馆工作人员态度友好并能很好地提供帮助	4.6893	4.9150	− 0.2257	0.6483	− 0.1463

续表

		EO	*EA*	分差	重要性 *RI*	改进指数
x_{29}	29. 学校对突发事件反应迅速	4.4633	4.6473	-0.1840	0.7787	-0.1433
x_1	1. 校园及周边治安良好	5.0169	5.2844	-0.2675	0.5230	-0.1399
x_{12}	12. 助教认真负责	4.4068	4.5771	-0.1703	0.6813	-0.1160
x_{24}	24. 学校对学生的奖惩公平合理	4.5480	4.7021	-0.1540	0.7200	-0.1109
x_4	4. 学校周边环境良好，地理位置便利	4.9153	5.1415	-0.2262	0.4886	-0.1106
x_7	7. 供学生活动的场所充足	3.5198	3.6880	-0.1682	0.6563	-0.1104
x_{10}	10. 自习室充足	3.7119	3.9145	-0.2026	0.5178	-0.1049
x_5	5. 图书馆有丰富的资源和良好的信息服务	4.9209	5.0639	-0.1430	0.6175	-0.0883
x_{13}	13. 老师平易近人，容易相处	5.1751	5.2957	-0.1205	0.7248	-0.0874
x_{31}	31. 学生公寓工作人员的服务态度良好	4.6045	4.7339	-0.1294	0.6041	-0.0782
x_6	6. 图书馆硬件设施完备，环境舒适	4.7345	4.8458	-0.1114	0.6744	-0.0751
x_{22}	22. 学校其他收费（包括体检、证件办理）合理	4.7175	4.7545	-0.0370	0.6708	-0.0248
x_{35}	35. 学校对新生有特别指导以使他们适应校园生活	4.6949	4.7260	-0.0311	0.7691	-0.0239
x_{36}	36. 招生处工作人员热情负责，相关知识丰富	4.5932	4.5966	-0.0034	0.7914	-0.0027
x_{16}	16. 老师因材施教，教学有针对性	4.6497	4.6457	0.0040	0.6226	0.0025
x_{28}	28. 注册手续简便	4.8418	4.7656	0.0762	0.6283	0.0479
x_9	9. 学校有充足的体育设施	3.8192	3.7408	0.0784	0.6811	0.0534
x_{14}	14. 老师给予学生充足的学术指导	5.0282	4.9334	0.0948	0.5720	0.0542
x_{15}	15. 任课老师知识丰富，业务素质良好	5.1582	5.0628	0.0954	0.5930	0.0565

续表

		EO	EA	分差	重要性 RI	改进指数
x_{11}	11. 老师对学生一视同仁	4.8023	4.7253	0.0770	0.7349	0.0566
x_{37}	37. 学校组织丰富多彩的课余活动（如体育比赛）	4.7458	4.6389	0.1069	0.7264	0.0777
x_8	8. 教室有足够的教学设备	4.2712	4.0908	0.1804	0.6813	0.1229
x_3	3. 校园环境优美	4.7288	4.3573	0.3716	0.5401	0.2007
x_{30}	30. 食堂里的食品味道可口、品种多样、价格合理	4.5932	4.1357	0.4575	0.5892	0.2696

（七）中国人民大学

中国人民大学学生满意度的平均值为 4.926316，比平均水平略高，方差为 2.047452。

从表 7-20 中可以看出，中国人民大学的劣势项目有：学校体检等其他收费合理度（x_{22}），食堂里的食品味道可口、品种多样、价格合理度（x_{30}），校医院提供医疗服务满意度（x_{26}），专业课程设置合理度（x_{18}），老师对学生学术指导度（x_{14}）；优势项目有：自习室充足（x_{10}），图书馆硬件设施完备、环境舒适度（x_6），学校周边环境良好、交通便利度（x_4），注册手续简便（x_{28}），教室有足够的设备（x_8）。

表 7-20 中国人民大学改进指数

		EO	EA	分差	重要性 RI	改进指数
x_{22}	22. 学校其他收费（包括体检、证件办理）合理	3.9474	4.7545	-0.8071	0.7724	-0.6234
x_{30}	30. 食堂里的食品味道可口、品种多样、价格合理	3.3895	4.1357	-0.7462	0.5748	-0.4289
x_{26}	26. 校医院提供令人满意的医疗服务	3.5684	4.1558	-0.5874	0.7249	-0.4258
x_{18}	18. 专业课课程设置合理	4.1474	4.7471	-0.5997	0.6922	-0.4151
x_{14}	14. 老师给予学生充足的学术指导	4.3474	4.9334	-0.5861	0.6024	-0.3531

续表

		EO	EA	分差	重要性 RI	改进指数
x_{19}	19. 学生的培养方案清晰明确	4.2737	4.7809	−0.5072	0.6932	−0.3516
x_{21}	21. 学校的保研制度公平合理	4.3263	4.7445	−0.4181	0.6917	−0.2892
x_{34}	34. 学校办公效率高	4.0000	4.3601	−0.3601	0.6940	−0.2499
x_{36}	36. 招生处工作人员热情负责，相关知识丰富	4.2526	4.5966	−0.3440	0.7108	−0.2445
x_{37}	37. 学校组织丰富多彩的课余活动（如体育比赛）	4.2737	4.6389	−0.3652	0.6651	−0.2429
x_{24}	24. 学校对学生的奖惩公平合理	4.4526	4.7021	−0.2494	0.7667	−0.1912
x_{20}	20. 学校提供有价值的通识教育	4.6000	4.7550	−0.1550	0.7004	−0.1086
x_{11}	11. 老师对学生一视同仁	4.5789	4.7253	−0.1464	0.7256	−0.1062
x_{35}	35. 学校对新生有特别指导以使他们适应校园生活	4.6211	4.7260	−0.1049	0.7187	−0.0754
x_{13}	13. 老师平易近人，容易相处	5.1789	5.2957	−0.1167	0.6316	−0.0737
x_{23}	23. 学校关注身体有缺陷的学生	4.6947	4.7925	−0.0978	0.7335	−0.0717
x_9	9. 学校有充足的体育设施	3.5368	3.7408	−0.2039	0.3509	−0.0715
x_{16}	16. 老师因材施教，教学有针对性	4.5579	4.6457	−0.0878	0.5702	−0.0501
x_{27}	27. 宿舍环境舒适（空间、采光、保暖、通风等）	4.0526	4.0950	−0.0424	0.5333	−0.0226
x_{17}	17. 专业课程的内容是有价值的	5.0632	5.0956	−0.0324	0.5758	−0.0187
x_1	1. 校园及周边治安良好	5.2421	5.2844	−0.0423	0.4404	−0.0186
x_{39}	39. 社团活动丰富多样，活动质量高	4.6842	4.6737	0.0105	0.6963	0.0073
x_{12}	12. 助教认真负责	4.5895	4.5771	0.0124	0.7291	0.0090

续表

		EO	EA	分差	重要性 RI	改进指数
x_{32}	32. 学生的职业规划能够得到有价值的指导	4.5368	4.5227	0.0141	0.6642	0.0094
x_7	7. 供学生活动的场所充足	3.7263	3.6880	0.0384	0.4578	0.0176
x_3	3. 校园环境优美	4.4211	4.3573	0.0638	0.5256	0.0335
x_{31}	31. 学生公寓工作人员的服务态度良好	4.8316	4.7339	0.0977	0.3612	0.0353
x_{33}	33. 学生手册提供了有用的信息	4.8105	4.7549	0.0556	0.6961	0.0387
x_{25}	25. 图书馆工作人员态度友好并能很好地提供帮助	5.0211	4.9150	0.1061	0.5938	0.0630
x_2	2. 学校有浓厚的学术氛围	5.1895	5.0301	0.1594	0.5393	0.0860
x_{15}	15. 任课老师知识丰富，业务素质良好	5.2737	5.0628	0.2109	0.5884	0.1241
x_{29}	29. 学校对突发事件反应迅速	5.1053	4.6473	0.4580	0.5928	0.2715
x_5	5. 图书馆有丰富的资源和良好的信息服务	5.8421	5.0639	0.7782	0.3860	0.3004
x_{38}	38. 学校提供的讲座等活动满足了学生的需求	5.3158	4.7281	0.5877	0.6042	0.3551
x_{10}	10. 自习室充足	4.6316	3.9145	0.7171	0.5157	0.3698
x_6	6. 图书馆硬件设施完备，环境舒适	6.0316	4.8458	1.1858	0.3125	0.3706
x_4	4. 学校周边环境良好，地理位置便利	5.9789	5.1415	0.8374	0.4617	0.3867
x_{28}	28. 注册手续简便	5.5263	4.7656	0.7607	0.5243	0.3989
x_8	8. 教室有足够的教学设备	5.0632	4.0908	0.9723	0.6770	0.6583

（八）首都经济与贸易大学

首都经济与贸易大学满意度的平均值为 4.241071，比平均水平略低，标准差为 2.599019。

从表 7-21 中可以看出，首都经济与贸易大学的劣势项目有：学校周边环境良好、交通便利度（x_4），学校学术氛围浓厚度（x_2），校园及周边治安良好度（x_1），自习室充足度（x_{10}），学校办公效率（x_{34}）；优势项目有：助教认真负责（x_{12}），食堂里的食品味道可口、品种多样、价格合理度（x_{30}），教室有足够的教学设备（x_8），学校体育设施充足度（x_9），老师对学生一视同仁度（x_{11}）。

表 7-21　　　　　　　　　　首都经济与贸易大学改进指数

		EO	EA	分差	重要性 RI	改进指数
x_4	4. 学校周边环境良好，地理位置便利	3.4643	5.1415	-1.6772	0.6843	-1.1477
x_2	2. 学校有浓厚的学术氛围	3.9464	5.0301	-1.0837	0.7122	-0.7717
x_1	1. 校园及周边治安良好	4.2500	5.2844	-1.0344	0.6812	-0.7046
x_{10}	10. 自习室充足	2.9643	3.9145	-0.9502	0.6374	-0.6057
x_{34}	34. 学校办公效率高	3.6607	4.3601	-0.6994	0.7772	-0.5435
x_{27}	27. 宿舍环境舒适（空间、采光、保暖、通风等）	3.7857	4.0950	-0.3093	0.5886	-0.1821
x_{21}	21. 学校的保研制度公平合理	4.5179	4.7445	-0.2266	0.7696	-0.1744
x_{26}	26. 校医院提供令人满意的医疗服务	3.8571	4.1558	-0.2987	0.5324	-0.1590
x_{19}	19. 学生的培养方案清晰明确	4.5893	4.7809	-0.1916	0.6835	-0.1310
x_{32}	32. 学生的职业规划能够得到有价值的指导	4.3929	4.5227	-0.1299	0.8389	-0.1089
x_{20}	20. 学校提供有价值的通识教育	4.6250	4.7550	-0.1300	0.6818	-0.0886
x_{36}	36. 招生处工作人员热情负责，相关知识丰富	4.5536	4.5966	-0.0430	0.8218	-0.0354
x_{39}	39. 社团活动丰富多样，活动质量高	4.6071	4.6737	-0.0666	0.5143	-0.0342
x_3	3. 校园环境优美	4.3036	4.3573	-0.0537	0.6027	-0.0324
x_7	7. 供学生活动的场所充足	3.6607	3.6880	-0.0272	0.7928	-0.0216

		EO	EA	分差	重要性 RI	改进指数
x_{25}	25. 图书馆工作人员态度友好并能很好地提供帮助	4.8929	4.9150	−0.0221	0.4897	−0.0108
x_{35}	35. 学校对新生有特别指导以使他们适应校园生活	4.7143	4.7260	−0.0117	0.7207	−0.0084
x_{17}	17. 专业课程的内容是有价值的	5.0893	5.0956	−0.0063	0.6299	−0.0040
x_{24}	24. 学校对学生的奖惩公平合理	4.6964	4.7021	−0.0056	0.6778	−0.0038
x_{16}	16. 老师因材施教，教学有针对性	4.6429	4.6457	−0.0029	0.7631	−0.0022
x_6	6. 图书馆硬件设施完备，环境舒适	4.8750	4.8458	0.0292	0.5798	0.0169
x_{13}	13. 老师平易近人，容易相处	5.3214	5.2957	0.0258	0.6968	0.0179
x_{15}	15. 任课老师知识丰富，业务素质良好	5.1071	5.0628	0.0443	0.7696	0.0341
x_{14}	14. 老师给予学生充足的学术指导	5.0000	4.9334	0.0666	0.7980	0.0531
x_{38}	38. 学校提供的讲座等活动满足了学生的需求	4.8750	4.7281	0.1469	0.6491	0.0954
x_{18}	18. 专业课课程设置合理	4.8750	4.7471	0.1279	0.7626	0.0975
x_{23}	23. 学校关注身体有缺陷的学生	4.9286	4.7925	0.1361	0.7332	0.0998
x_{31}	31. 学生公寓工作人员的服务态度良好	4.8929	4.7339	0.1590	0.6304	0.1002
x_{37}	37. 学校组织丰富多彩的课余活动（如体育比赛）	4.8036	4.6389	0.1647	0.6089	0.1003
x_5	5. 图书馆有丰富的资源和良好的信息服务	5.2679	5.0639	0.2040	0.5075	0.1035
x_{22}	22. 学校其他收费（包括体检、证件办理）合理	4.9464	4.7545	0.1919	0.6599	0.1267

		EO	*EA*	分差	重要性 *RI*	改进指数
x_{29}	29. 学校对突发事件反应迅速	4.8750	4.6473	0.2277	0.7129	0.1623
x_{28}	28. 注册手续简便	5.0714	4.7656	0.3059	0.6448	0.1972
x_{33}	33. 学生手册提供了有用的信息	5.1250	4.7549	0.3701	0.6699	0.2480
x_{12}	12. 助教认真负责	4.9464	4.5771	0.3693	0.7333	0.2708
x_{30}	30. 食堂里的食品味道可口、品种多样、价格合理	4.5893	4.1357	0.4536	0.6221	0.2822
x_8	8. 教室有足够的教学设备	4.6250	4.0908	0.5342	0.5968	0.3188
x_9	9. 学校有充足的体育设施	4.3214	3.7408	0.5807	0.6475	0.3760
x_{11}	11. 老师对学生一视同仁	5.3036	4.7253	0.5783	0.6802	0.3933

（九）中国政法大学

中国政法大学学生满意度的平均值为 4.358896，低于平均水平，方差为 2.704644。

从表 7-22 中可以看出，中国政法大学的劣势项目有：图书馆硬件设施完备度（x_6），校园环境优美度（x_3），学校组织课余活动丰富度（x_{37}），提供学生活动场所充足度（x_7），学校体育设施充足度（x_9）；优势项目有：助教认真负责度（x_{12}），老师对学生一视同仁度（x_{11}），学校提供讲座等活动满足学生需求度（x_{38}），注册手续简便（x_{28}），宿舍环境舒适度（x_{27}）。

表 7-22　　　　　　　　　中国政法大学改进指数

		EO	*EA*	分差	重要性 *RI*	改进指数
x_6	6. 图书馆硬件设施完备，环境舒适	3.4049	4.8458	−1.4409	0.5998	−0.8642
x_3	3. 校园环境优美	2.7546	4.3573	−1.6027	0.5140	−0.8237
x_{37}	37. 学校组织丰富多彩的课余活动（如体育比赛）	3.6196	4.6389	−1.0192	0.6836	−0.6967

		EO	EA	分差	重要性 RI	改进指数
x_7	7. 供学生活动的场所充足	2.4969	3.6880	-1.1910	0.5719	-0.6811
x_9	9. 学校有充足的体育设施	2.5460	3.7408	-1.1947	0.5465	-0.6529
x_{35}	35. 学校对新生有特别指导以使他们适应校园生活	3.9693	4.7260	-0.7567	0.7700	-0.5826
x_{32}	32. 学生的职业规划能够得到有价值的指导	3.9141	4.5227	-0.6086	0.7865	-0.4787
x_{20}	20. 学校提供有价值的通识教育	4.1166	4.7550	-0.6385	0.7485	-0.4779
x_5	5. 图书馆有丰富的资源和良好的信息服务	4.2761	5.0639	-0.7878	0.6038	-0.4757
x_{34}	34. 学校办公效率高	3.7485	4.3601	-0.6116	0.7406	-0.4529
x_{39}	39. 社团活动丰富多样，活动质量高	4.0061	4.6737	-0.6676	0.6705	-0.4476
x_8	8. 教室有足够的教学设备	3.4908	4.0908	-0.6000	0.6537	-0.3922
x_{36}	36. 招生处工作人员热情负责，相关知识丰富	4.0982	4.5966	-0.4985	0.7441	-0.3709
x_4	4. 学校周边环境良好，地理位置便利	4.4785	5.1415	-0.6630	0.5471	-0.3627
x_{30}	30. 食堂里的食品味道可口、品种多样、价格合理	3.5828	4.1357	-0.5529	0.6202	-0.3429
x_{24}	24. 学校对学生的奖惩公平合理	4.2393	4.7021	-0.4628	0.7354	-0.3403
x_{10}	10. 自习室充足	3.2883	3.9145	-0.6261	0.5325	-0.3334
x_{23}	23. 学校关注身体有缺陷的学生	4.4049	4.7925	-0.3876	0.7021	-0.2721
x_{33}	33. 学生手册提供了有用的信息	4.3620	4.7549	-0.3929	0.6293	-0.2473
x_{18}	18. 专业课课程设置合理	4.4356	4.7471	-0.3115	0.7342	-0.2287
x_1	1. 校园及周边治安良好	4.7546	5.2844	-0.5298	0.4258	-0.2256
x_{21}	21. 学校的保研制度公平合理	4.2515	4.7445	-0.4929	0.4225	-0.2083

续表

		EO	EA	分差	重要性 RI	改进指数
x_{19}	19. 学生的培养方案清晰明确	4.5276	4.7809	-0.2533	0.7132	-0.1806
x_{26}	26. 校医院提供令人满意的医疗服务	3.8528	4.1558	-0.3031	0.5678	-0.1721
x_{17}	17. 专业课程的内容是有价值的	4.8589	5.0956	-0.2367	0.7215	-0.1708
x_{22}	22. 学校其他收费（包括体检、证件办理）合理	4.5215	4.7545	-0.2330	0.5792	-0.1350
x_{14}	14. 老师给予学生充足的学术指导	4.8344	4.9334	-0.0991	0.6492	-0.0643
x_{16}	16. 老师因材施教，教学有针对性	4.5951	4.6457	-0.0506	0.7005	-0.0355
x_2	2. 学校有浓厚的学术氛围	4.9877	5.0301	-0.0423	0.5110	-0.0216
x_{25}	25. 图书馆工作人员态度友好并能很好地提供帮助	4.9325	4.9150	0.0175	0.5550	0.0097
x_{29}	29. 学校对突发事件反应迅速	4.6748	4.6473	0.0275	0.7108	0.0196
x_{31}	31. 学生公寓工作人员的服务态度良好	4.8528	4.7339	0.1189	0.5781	0.0687
x_{13}	13. 老师平易近人，容易相处	5.4049	5.2957	0.1092	0.6538	0.0714
x_{15}	15. 任课老师知识丰富，业务素质良好	5.1840	5.0628	0.1212	0.6988	0.0847
x_{12}	12. 助教认真负责	4.7607	4.5771	0.1837	0.6672	0.1225
x_{11}	11. 老师对学生一视同仁	4.9448	4.7253	0.2195	0.6797	0.1492
x_{38}	38. 学校提供的讲座等活动满足了学生的需求	5.0000	4.7281	0.2719	0.6660	0.1811
x_{28}	28. 注册手续简便	5.1227	4.7656	0.3571	0.5589	0.1996
x_{27}	27. 宿舍环境舒适（空间、采光、保暖、通风等）	4.7485	4.0950	0.6534	0.5725	0.3741

（十）中央财经大学

中央财经大学学生满意度的平均值为 5.336538，较高于平均水平，方差为 1.312827。

从表 7-23 中可以看出，中央财经大学的劣势项目有：学校学术氛围浓厚度（x_2），学校保研制度公平合理度（x_{21}），学校周边环境良好、地理位置便利度（x_4），图书馆硬件设施完备、环境舒适度（x_6），老师平易近人、容易相处度（x_{13}）；优势项目有：学生培养方案清晰明确度（x_{19}），教室有足够的教学设备（x_8），供学生活动的场所充足度（x_7），图书馆资源丰富度和信息服务良好度（x_5），专业课程设置合理度（x_{18}）。

表 7-23　　　　　　　　　　中央财经大学改进指数

		EO	EA	分差	重要性 RI	改进指数
x_2	2. 学校有浓厚的学术氛围	4.3209	5.0301	-0.7092	0.4630	-0.3284
x_{21}	21. 学校的保研制度公平合理	5.1565	4.7445	0.4121	-0.2837	-0.1169
x_4	4. 学校周边环境良好，地理位置便利	4.6983	5.1415	-0.4432	0.1958	-0.0868
x_6	6. 图书馆硬件设施完备，环境舒适	4.4640	4.8458	-0.3818	0.1795	-0.0685
x_{13}	13. 老师平易近人，容易相处	5.4788	5.2957	0.1831	-0.2845	-0.0521
x_{31}	31. 学生公寓工作人员的服务态度良好	4.8866	4.7339	0.1527	-0.2642	-0.0403
x_{11}	11. 老师对学生一视同仁	4.4211	4.7253	-0.3042	0.1295	-0.0394
x_{35}	35. 学校对新生有特别指导以使他们适应校园生活	5.0979	4.7260	0.3720	-0.1003	-0.0373
x_{38}	38. 学校提供的讲座等活动满足了学生的需求	4.6655	4.7281	-0.0626	0.5216	-0.0327
x_{16}	16. 老师因材施教，教学有针对性	4.7408	4.6457	0.0951	-0.3433	-0.0327
x_{36}	36. 招生处工作人员热情负责，相关知识丰富	4.5127	4.5966	-0.0839	0.3363	-0.0282

续表

		EO	EA	分差	重要性 RI	改进指数
x_{29}	29. 学校对突发事件反应迅速	4.8690	4.6473	0.2217	−0.1191	−0.0264
x_9	9. 学校有充足的体育设施	3.6480	3.7408	−0.0927	0.2324	−0.0216
x_{24}	24. 学校对学生的奖惩公平合理	4.6140	4.7021	−0.0880	0.1779	−0.0157
x_{23}	23. 学校关注身体有缺陷的学生	5.1892	4.7925	0.3967	−0.0292	−0.0116
x_{34}	34. 学校办公效率高	4.5210	4.3601	0.1609	−0.0703	−0.0113
x_{37}	37. 学校组织丰富多彩的课余活动（如体育比赛）	4.9090	4.6389	0.2701	−0.0395	−0.0107
x_{17}	17. 专业课程的内容是有价值的	5.4445	5.0956	0.3490	−0.0207	−0.0072
x_{39}	39. 社团活动丰富多样，活动质量高	4.6583	4.6737	−0.0154	0.4311	−0.0066
x_{22}	22. 学校其他收费（包括体检、证件办理）合理	4.7838	4.7545	0.0293	0.0645	0.0019
x_{27}	27. 宿舍环境舒适（空间、采光、保暖、通风等）	4.4852	4.0950	0.3902	0.0090	0.0035
x_{15}	15. 任课老师知识丰富，业务素质良好	5.0832	5.0628	0.0204	0.2081	0.0042
x_{26}	26. 校医院提供令人满意的医疗服务	4.1995	4.1558	0.0436	0.1264	0.0055
x_{25}	25. 图书馆工作人员态度友好并能很好地提供帮助	4.8701	4.9150	−0.0449	−0.1249	0.0056
x_{12}	12. 助教认真负责	4.5443	4.5771	−0.0328	−0.1771	0.0058
x_{20}	20. 学校提供有价值的通识教育	5.0888	4.7550	0.3338	0.0182	0.0061
x_1	1. 校园及周边治安良好	5.3457	5.2844	0.0613	0.1861	0.0114
x_{32}	32. 学生的职业规划能够得到有价值的指导	4.8133	4.5227	0.2906	0.0501	0.0146
x_{30}	30. 食堂里的食品味道可口、品种多样、价格合理	4.1038	4.1357	−0.0319	−0.4928	0.0157

续表

		EO	EA	分差	重要性 RI	改进指数
x_{10}	10. 自习室充足	3.7258	3.9145	-0.1886	-0.1163	0.0219
x_{14}	14. 老师给予学生充足的学术指导	5.0899	4.9334	0.1565	0.1703	0.0266
x_{33}	33. 学生手册提供了有用的信息	4.8529	4.7549	0.0980	0.3308	0.0324
x_{28}	28. 注册手续简便	4.5371	4.7656	-0.2285	-0.1823	0.0417
x_3	3. 校园环境优美	4.4761	4.3573	0.1188	0.4801	0.0570
x_{19}	19. 学生的培养方案清晰明确	5.2542	4.7809	0.4734	0.2050	0.0970
x_8	8. 教室有足够的教学设备	3.6764	4.0908	-0.4144	-0.2849	0.1181
x_7	7. 供学生活动的场所充足	3.9166	3.6880	0.2286	0.5465	0.1250
x_5	5. 图书馆有丰富的资源和良好的信息服务	4.5758	5.0639	-0.4881	-0.2740	0.1337
x_{18}	18. 专业课课程设置合理	5.2525	4.7471	0.5054	0.4565	0.2307

（十一）中国矿业大学

中国矿业大学学生满意度的平均值为 3.886316，远低于平均水平，方差为 2.733884。

从表 7-24 中可以看出，中国矿业大学的劣势项目有：校园环境优美度（x_3），社团活动丰富度及活动质量（x_{39}），学校提供讲座等满足学生需求度（x_{38}），图书馆资源丰富度和信息服务质量（x_5），学生公寓工作人员态度良好度（x_{31}）；优势项目有：校医院提供医疗服务满意情况（x_{26}），学校体检等其他收费合理度（x_{22}），老师对学生一视同仁度（x_{11}），宿舍环境舒适度（x_{27}），自习室充足度（x_{10}）。

表 7-24	中国矿业大学改进指数					
		EO	EA	分差	重要性 RI	改进指数
x_3	3. 校园环境优美	3.5104	4.3573	-0.8469	0.6001	-0.5082
x_{39}	39. 社团活动丰富多样，活动质量高	3.9087	4.6737	-0.7650	0.6309	-0.4827

续表

		EO	EA	分差	重要性 RI	改进指数
x_{38}	38. 学校提供的讲座等活动满足了学生的需求	3.9627	4.7281	-0.7654	0.6074	-0.4649
x_5	5. 图书馆有丰富的资源和良好的信息服务	4.4066	5.0639	-0.6572	0.6477	-0.4257
x_{31}	31. 学生公寓工作人员的服务态度良好	4.0913	4.7339	-0.6426	0.5496	-0.3532
x_{30}	30. 食堂里的食品味道可口、品种多样、价格合理	3.6515	4.1357	-0.4842	0.6801	-0.3293
x_{20}	20. 学校提供有价值的通识教育	4.2739	4.7550	-0.4812	0.6808	-0.3276
x_7	7. 供学生活动的场所充足	3.2158	3.6880	-0.4722	0.6471	-0.3056
x_{19}	19. 学生的培养方案清晰明确	4.3610	4.7809	-0.4199	0.7112	-0.2986
x_2	2. 学校有浓厚的学术氛围	4.5104	5.0301	-0.5197	0.5202	-0.2704
x_6	6. 图书馆硬件设施完备，环境舒适	4.4896	4.8458	-0.3562	0.6823	-0.2430
x_9	9. 学校有充足的体育设施	3.3402	3.7408	-0.4005	0.5895	-0.2361
x_{18}	18. 专业课课程设置合理	4.4232	4.7471	-0.3239	0.6936	-0.2246
x_{33}	33. 学生手册提供了有用的信息	4.5125	4.7549	-0.2424	0.6833	-0.1656
x_{17}	17. 专业课程的内容是有价值的	4.8672	5.0956	-0.2283	0.6989	-0.1596
x_{35}	35. 学校对新生有特别指导以使他们适应校园生活	4.5270	4.7260	-0.1990	0.7313	-0.1455
x_{37}	37. 学校组织丰富多彩的课余活动（如体育比赛）	4.4523	4.6389	-0.1866	0.6443	-0.1202
x_{28}	28. 注册手续简便	4.6058	4.7656	-0.1598	0.7244	-0.1157
x_{32}	32. 学生的职业规划能够得到有价值的指导	4.3651	4.5227	-0.1576	0.7204	-0.1135
x_{21}	21. 学校的保研制度公平合理	4.5602	4.7445	-0.1843	0.6077	-0.1120

续表

		EO	EA	分差	重要性 RI	改进指数
x_{23}	23. 学校关注身体有缺陷的学生	4.6846	4.7925	-0.1079	0.6256	-0.0675
x_{29}	29. 学校对突发事件反应迅速	4.5560	4.6473	-0.0913	0.6995	-0.0639
x_{16}	16. 老师因材施教，教学有针对性	4.5851	4.6457	-0.0607	0.6991	-0.0424
x_{34}	34. 学校办公效率高	4.3195	4.3601	-0.0406	0.6912	-0.0280
x_{36}	36. 招生处工作人员热情负责，相关知识丰富	4.6058	4.5966	0.0092	0.7338	0.0067
x_{14}	14. 老师给予学生充足的学术指导	4.9793	4.9334	0.0458	0.6808	0.0312
x_{13}	13. 老师平易近人，容易相处	5.3485	5.2957	0.0529	0.6466	0.0342
x_{12}	12. 助教认真负责	4.6266	4.5771	0.0495	0.7322	0.0362
x_8	8. 教室有足够的教学设备	4.1535	4.0908	0.0627	0.6581	0.0413
x_{24}	24. 学校对学生的奖惩公平合理	4.7925	4.7021	0.0905	0.6226	0.0563
x_4	4. 学校周边环境良好，地理位置便利	5.2531	5.1415	0.1116	0.5047	0.0563
x_{25}	25. 图书馆工作人员态度友好并能很好地提供帮助	5.0000	4.9150	0.0850	0.6654	0.0566
x_{15}	15. 任课老师知识丰富，业务素质良好	5.1577	5.0628	0.0948	0.6630	0.0629
x_1	1. 校园及周边治安良好	5.5187	5.2844	0.2342	0.3745	0.0877
x_{26}	26. 校医院提供令人满意的医疗服务	4.3568	4.1558	0.2010	0.6109	0.1228
x_{22}	22. 学校其他收费（包括体检、证件办理）合理	4.9502	4.7545	0.1957	0.6433	0.1259
x_{11}	11. 老师对学生一视同仁	4.9544	4.7253	0.2291	0.6916	0.1584
x_{27}	27. 宿舍环境舒适（空间、采光、保暖、通风等）	4.4647	4.0950	0.3697	0.6287	0.2324
x_{10}	10. 自习室充足	4.5975	3.9145	0.6830	0.6235	0.4259

第八章 北京高校教育服务学生满意度评价
——基于 Probit 模型的分析

本章利用实地调研数据，基于 Probit 模型和计量分析方法研究北京高校教育服务学生满意度问题。探讨学生满意度与高校教育服务之间的相关性，为高校提高教育服务水平提供可行的、具有参考意义的标准，使学生满意度成为促进高校发展的一个重要的指标，并提出相应的意见和建议。通过研究发现，就北京高校而言，学生满意度与学生个人情况的差异关系不大，学校应该将关注点放在发展自身硬实力和软实力两方面，以提高学生对高校教育服务的满意度。

第一节　基于 Probit 模型的实证研究设计

本节采用 Probit 模型，对学生满意度与北京高校教育服务质量实证研究进行整体设计。

本章采用的数据是基于 2012 年 4 月发放的调查问卷，调查对象为北京 16 所高等院校的本科在校生，具体数据情况在第六章已经详细介绍过。本书的目的是研究学生对高校教育服务的满意度，即探讨学生对学校教育服务是否满意的问题，其中只包括两种情况：满意与不满意。以学生是否满意为解释变量，定义学生觉得满意时的取值为 1；反之，不满意时取值为 0，由此可知讨论的问题属于二元离散现象。而 Probit 模型是对二元离散现象进行数量分析时常用的模型工具，因此，本章决定采用二元 Probit 模型对学生满意度进行分析，这样有利于更客观地分析影响学生满意度的各因素的作用方向，并且更准确地测定其影响程度。

Probit 模型可以由如下的满足经典线性模型假定的潜变量模型（OLS）推导而得：

$$y^* = \beta_0 + \beta_1 x_1 + \cdots + \beta_k x_k + \varepsilon \qquad (8.1)$$

对于式（8.1），y^* 表示不能直接观测到的变量（或称潜变量）。这里定义当 $y^* > 0$ 时，表示学生感觉满意，此时 $y^* = 1$；当 $y^* \leq 0$ 时，表示学生不满意，此时 $y^* = 0$。特别说明的是，这里的模型遵循计量经济学的几个经典假定，即：①解释变量 x_1，x_2，$\cdots$，x_k 是确定变量，不是随机变量；②随机误差项 ε 期望值为零，同方差、序列不相关；③随机误差项 ε 与解释变量之间不相关；④随机误差项 ε 服从零协方差的标准正态分布。因此，影响学生满意度的 Probit 模型可以表示成如下形式：

$$prob(y = 1 \mid x_1, \, x_2, \, \cdots, \, x_k) = prob(y^* > 0 \mid x_1, \, x_2, \, \cdots, \, x_k) = \Phi(\beta_0 + \beta_1 x_1 + \cdots + \beta_k x_k) \qquad (8.2)$$

式（8.2）是标准正态累积分布函数，y^* 是不可直接观测的潜变量，y 则是实际观测到的控制变量，如上所述，$y = 1$ 表示学生感觉满意，$y = 0$ 表示学生不满意。解释变量 x_1，x_2，$\cdots$，x_k 表示影响学生满意度的因素，其下标 k 用来区分不同的因素，本书中 $k = 14$。所以 y 的分布函数就具有如下形式：

$$P(y) = \Phi\{(\beta_0 + \beta_1 x_1 + \cdots + \beta_k x_k)^y [1 - \Phi(\beta_0 + \beta_1 x_1 + \cdots + \beta_k x_k)]^{1-y}\} \qquad (8.3)$$

这样就可以使用似然函数最大化来估计参数值。

第二节　Probit 模型的分析过程

一　问卷设计和样本分布的统计特征

在本章研究中，设计实地调查时参照了消费者满意度测评模型。分析调查数据时，采用 Probit 模型作为工具，以调查问卷采集的数据作为依据，来研究影响学生对高校教育服务满意度高低的因素。并构建了一个由校园环境、教学基础设施、教师队伍、教学管理、学生管理、学校形象等 8 个结构变量组成的模型，用于高校满意度评测。这个模型中的 8 个结构变量均为潜变量，不能通过直接观察获得数据。因此，通过 52 个标识变量来观察这些潜变量，标识变量又再转化为问卷中相应的具体问题。建立该模型的基本思想是学生站在消费者的角度产生主观的感知质量，其与预期的感知质量之间存在一定的差距，由这个差距产生了感知价值，并形成一定水平的满意程度。本书通过考察这个满意程度最终可以得知学生对于自己所在的学校产生的感觉究竟是消费者忠诚还是抱怨。

在本次调查问卷中，对每一个潜变量的观测指标均来自 Student Satisfaction Inoventory（SSI）。每个问题的选项采用 Likert 七点计分法进行设计，即 1—7 分，1 分表示对问题描述的内容或情节极不赞同，随着分数增加赞同程度随之增加，处于中间值的 4 分表示不清楚或者无法判断，而 7 分表示对问题的描述极为赞同。

对所有回收问卷筛选之后得到了有效问卷，经过对有效问卷的整理及统计后获得了相关的调查数据。有效样本按照学生年级、性别、家庭收入、生源地分布和父母的受教育程度进行分类。具体样本分布情况及其统计特征见第六章。

二　数据的处理拟合

（一）数据的预处理

在使用 Probit 模型对问卷数据进行拟合之前，首先对问卷的原始数据进行了相关的预处理工作。具体处理过程如下：

1. 划分并定义变量

问卷中包含两大模块：个人基本情况和具体评价。个人基本情况调查的是个人基本信息，其中涵盖专业名称、性别、生源地等，该部分予以保留原始状态。具体评价调查的是学生个人对学校的环境、教学、后勤等方面的主观评价，以 1—7 分的分值表示评价结果。

具体评价中的 52 个问题相当于 52 个标识变量，根据内容的相关性归纳并划分成 9 个潜变量。这样处理的理由是减少变量的个数，便于接下来导入软件进行统计分析。

变量的具体内容及包括的问卷问题（即标识变量）如表 8-1 所示。

2. 对表格原始数据的再处理以及统计结果

根据变量划分后的情况，需要对标识变量进行合并，提取出新的潜变量，因此，这里对相关的标识变量的原始数据进行相应的处理。本书的处理方法：以 x_1 为例，把单个样本第 1 题至第 6 题的数据进行加总，再取平均值作为 x_1 的取值。此方法应用在学校特征的 8 个变量上，个人特征的 6 个变量保留原始数据。另外，为了符合 Probit 模型对控制变量取值的要求，总体满意度 y 在加总原始数据并取平均值的基础上，还需要剔除取值在 3 和 4 之间（包括等于 3 或 4）的样本，提升显著性，并对小于 3 的赋值为0，大于4的赋值为1，然后转换成新的0—1型变量。结果见表8-2。

表 8 - 1 变量解释与说明

变量维度	变量符号	变量解释	包括的问题	先验判断
学校特征	x_1	校园环境	1—4	正向
	x_2	教学基础设施	5—10	正向
	x_3	教师队伍	11—16	正向
	x_4	教学管理	17—21	正向
	x_5	学生管理	22—24	正向
	x_6	后勤服务	25—36	正向
	x_7	文体活动	37—40	正向
	x_8	学校形象	45—52	正向
个人特征	x_9	年级（四年级=4、三年级=3、二年级=2、一年级=1）	—	反向
	x_{10}	性别（男=1，女=2）	—	不确定
	x_{11}	家庭月收入（3000元以下=1、3001—6000元=2、6001—10000元=3、10000元以上=4）	—	正向
	x_{12}	生源地（农村=1、城镇=2）	—	不确定
	x_{13}	父亲所受教育程度（小学及以下=1、初中=2、高中或中专=3、大专或大学本科=4、研究生及以上=5）	—	正向
	x_{14}	母亲所受教育程度（小学及以下=1、初中=2、高中或中专=3、大专或大学本科=4、研究生及以上=5）	—	正向
总体满意度	y	满意程度	41—44	—

表 8 - 2 处理后变量统计结果

变量符号	最小值	最大值	数学期望	标准差
x_1	1.000000	7.000000	5.060788	1.085259
x_2	1.000000	7.000000	4.336451	1.233292
x_3	1.000000	7.000000	4.937542	1.083443

续表

变量符号	最小值	最大值	数学期望	标准差
x_4	1.000000	7.000000	4.931730	1.076171
x_5	1.000000	7.000000	4.823647	1.105373
x_6	1.000000	7.000000	4.635194	0.965379
x_7	1.000000	7.000000	4.761197	1.183110
x_8	1.000000	7.000000	4.863477	1.339093
x_9	1.000000	7.000000	2.732131	1.534711
x_{10}	1.000000	2.000000	1.575818	0.494383
x_{11}	1.000000	4.000000	2.264529	1.015668
x_{12}	1.000000	2.000000	1.609218	0.488089
x_{13}	1.000000	5.000000	3.276553	1.080796
x_{14}	1.000000	5.000000	3.062124	1.133833
y	0.000000	1.000000	0.835003	0.371302

（二）数据的模型拟合

本书使用 Stata/SE 12.1 软件处理问卷数据，采用 Probit 模型进行数据的拟合，拟合的结果见表 8-3。

表 8-3　　　　　　　　数据拟合结果

	参数估计	z 统计量	$P > |z|$	边际效应
截距	-5.743711	-10.600000	0.000000	—
x_1	0.221594**	2.920000	0.003000	0.016762
x_2	0.031487	0.460000	0.644000	0.002382
x_3	-0.392804***	-5.100000	0.000000	-0.029713
x_4	0.351791***	4.740000	0.000000	0.026611
x_5	-0.145848*	-1.970000	0.049000	-0.011033
x_6	0.626511***	5.950000	0.000000	0.047392
x_7	0.332687***	4.540000	0.000000	0.025166
x_8	0.694346***	9.940000	0.000000	0.052523
x_9	0.026241	0.570000	0.566000	0.001985
x_{10}	-0.214963	-1.650000	0.098000	-0.016261
x_{11}	-0.069871	-1.060000	0.288000	-0.005285

续表

	参数估计	z统计量	P > |z|	边际效应
x_{12}	− 0. 249217	− 1. 830000	0. 067000	− 0. 018852
x_{13}	− 0. 021123	− 0. 310000	0. 758000	− 0. 001598
x_{14}	0. 081744	1. 260000	0. 207000	0. 006184

注: *、**、***分别为在5%、1%和0.1%的水平下具有显著性。

Probit 模型是非线性的，所得参数不能表示自变量真正作用大小，为此需要求自变量的边际效应。例如，当 x_1 每增加一个单位时，学生总体满意的可能性将上升1.6%。

三 模型检验

在对使用模型拟合出来的数据进行分析前，必须检验所使用的模型的有效性。为此，本书利用了三种不同的方法，对模型的有效性进行检验。

（一）拟合优度（Goodness – of – fit）检验（见图8 – 1）

```
Probit model for y, goodness-of-fit test

        number of observations = 1495
number of covariate patterns = 1484
          Pearson chi2(1469) = 14120.40
                Prob > chi2 = 0.0000
```

图8 – 1　拟合优度检验

软件结果显示 p 值为 0.0000，说明模型拟合度良好。

（二）预测准确率表（见图8 – 2）

检验结果显示模型预测准确的百分比已经达到94.25%，显示其良好的统计学意义。

（三）受试者操控曲线（ROC）检验（见图8 – 3）

ROC 曲线下方面积（Area under ROC curve，AUC）达到0.9614，即模型的预测准确性达到了96.14%，显示出模型与数据的拟合程度良好，结果具有显著的统计学意义，可信度较高。

```
Probit model for y

                    ------- True -------
Classified           D              ~D              Total

    +               1223            61              1284
    -                 25           186               211

Total               1248           247              1495

Classified + if predicted Pr(D) >= .5
True D defined as y != 0

Sensitivity                     Pr( +| D)    98.00%
Specificity                     Pr( -|~D)    75.30%
Positive predictive value       Pr( D| +)    95.25%
Negative predictive value       Pr(~D| -)    88.15%

False + rate for true ~D        Pr( +|~D)    24.70%
False - rate for true D         Pr( -| D)     2.00%
False + rate for classified +   Pr(~D| +)     4.75%
False - rate for classified -   Pr( D| -)    11.85%

Correctly classified                         94.25%
```

图 8 – 2　预测准确率表检验

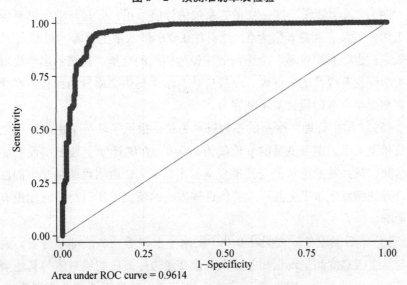

Area under ROC curve = 0.9614

图 8 – 3　ROC 曲线

第三节　实证结果分析

　　以上的检验可以证实本次研究的回归方程是有效的，进行的拟合准确并且可靠，可以科学地揭示数据中隐藏的信息，模型的整体效果良好。下文解释各个影响因素的统计结果的现实意义及其统计显著性。

（1）"校园环境"的估计系数为正，与学生的满意度呈正向关系。数据分析结果与先验的估计一致，p 值为 0.003，即该估值在 0.01 水平上显著。说明随着"校园环境"的改善，学生的满意度很大可能将随之提升。

（2）"教学基础设施"与学生的满意度呈正向关系，但其 p 值为 0.644，在统计学上并不显著。说明学生满意度与教学基础设施的水准存在一定关系。学校加大对教学基础设施建设的投入可能并不能在提高学生满意度这个方面体现太大的效果。

（3）"教师队伍"这一变量在 0.001 的水平上显著，但是其系数符号为负，显示其与学生满意度呈现负相关的关系。该结果与先验的预测相反，先前的数据统计表明该变量数学期望值约为 4.94，满意度水平为中等偏上。

（4）"教学管理"这一变量的系数估计值为正，即其与学生满意度呈现正相关关系。变量 p 值为 0，说明在 0.001 的水平上显著。观察 x_4 的边际效应，也能看出这是一个正面效应较为明显的变量。这揭示出学生对自己所学课程有很高的关注度，学校应该为学生提供高质量的课程，在课程内容和教学方案的设计上不断完善。

（5）"学生管理"变量的系数符号为负，揭示了其与学生满意度之间的负相关关系。但该变量的 p 值仅为 0.049，在统计学上处于接近不显著的区间，且系数的绝对值与其他变量相比并不大，原因可能是学生们在考虑自身的满意度水平上并不太关注这些方面的情况，所以对满意度没有太大影响。

（6）"后勤服务"变量在 0.001 的水平上显著，系数符号为正，说明其与学生满意度间呈现正相关关系。该变量边际效应的绝对值与其他解释变量相比是很大的，充分显示其效应之明显。这是因为学生在校园中生活，"吃穿住用行"都要接受学校提供的后勤服务。因此，后勤服务水平高，学生感觉良好的学校往往能使学生满意度大为提高。

（7）在"文体活动"方面，变量回归得到的系数符号为正，且在 0.001 的水平上显著。结合先前的数据统计结果，可以看出学生对所在学校的文体活动在总体上是满意的，而且更加丰富的文体活动也会使学生的满意度更高。

（8）"学校形象"在 0.001 的水平上显著，有正向的影响。学校的形象和声誉在影响人们对该学校的印象上往往具有很明显的作用。当学校在社会上的名声很大，被人们广泛地认可时，学生对学校的正面评价也会增加，因此满意度评分也会提高。所以树立良好形象不仅是学校的义务，也是提高学生满意度的途径之一。

（9）"年级"这个变量对学生满意度有正向的影响，但统计学上并不显著。回归结果显示高年级的学生满意度会比低年级的学生高，说明随着学生在校时间的延长，对学校越来越熟悉，对母校的感情也会逐渐加深，满意度自然随之提高。

（10）通过对"性别"变量的分析，发现女生的满意度要普遍低于男生，但统计学上不显著。

（11）"家庭月收入"更高的学生对学校满意度较低，而且生源地为城镇的学生对学校的满意度比来自乡村的学生低。出现这种现象的可能原因是：某位学生家庭收入高或者来自城镇都说明该学生所处的环境较好，对学校各方面的要求也会水涨船高，因此满意度反而较低。但以上两个变量在统计学上并不显著。

（12）父亲学历高的学生对学校的满意度较低，呈负相关；然而母亲学历高的学生满意度较高，呈现正相关。但是以上两个变量在统计学上其效应并不显著。

第四节　结论与政策建议

本章立足于学生对高校教育服务满意度这一课题，采集了对北京16所高校数千名在校生的调查数据，来研究影响学生对高校服务满意度的因素。经过回归分析后，确认对满意度有显著影响的变量有校园环境、教师队伍、教学管理、后勤服务、文体活动和学校形象，关于学生个人特征的年级、性别、家庭月收入、生源地和父母教育程度等变量对学生满意度没有显著影响。这说明学生个人的情况不太可能成为其对学校满意度的显著影响原因，学校应该把更多的关注度放在自身的建设上。

基于以上定性和定量分析，现提出如下政策建议：

第一，不断改善校园环境，增强高校硬实力。经回归分析后发现，学生对自己所在院校的环境总体上是满意的，而且与总体满意度呈正相关关系，所以改善校园环境是提升学生们满意度的一个重要途径。在本次的研究设计中，校园环境包含的是描述学校硬件设施的标识变量。目前学生在总体上满意表示长期以来高校注重本校设施建设是卓有成效的。所以高校应该在现有的基础上制定切合自身实际情况的建设规划，优美的校园不但会使学生更加满意以及有归属感，也会使学校形象越来越好。

第二，提升管理水平和服务水平，培养浓厚的人文气息，增强高校软实力。除了高校的硬实力以外，本次研究也探究了不少关于软实力的指标。首先，增强学校的硬实力能在学校形象等软实力的方面有促进作用。高校的硬实力与软实力是相互包含的，而且是相对的，二者的作用方式不一样，每种实力的深处都有彼此的因素在发挥影响作用。在教育教学、校园建设、日常管理、科学研究等高校硬实力中包含着明显的软实力因素，如浓郁的文化氛围、创新的研究成果、先进的教学模式、成功的管理经验等。把这些都统统归功于有形的硬实力要素中并不能完全令人信服。同样，把这些要素都归功于无形的软实力要素中也是不全面的。在这些要素中，既有高校硬实力的作用，又有高校软实力的影响，是二者综合作用的结果。

第三，研究在校学生的满意度不论是对高校自身还是对国家的政策制定都有重要的意义，而目前国内的学生满意度研究体系仍然处于摸索和完善的阶段。相比欧美等发达国家，我国对学生满意度研究的重视程度不足，仍然难以形成统一有效、可在全国范围内推广的评测体系。因此，本书需要更多借鉴如美国等西方发达国家高等教育的经验，建立一个统一的、能够长期跟踪的国家级指标和合理的测评制度。这样有利于获得更为准确的数据和结果，以便为我国教育事业发展提供科学、有力的支持。

本章利用北京16所高校在校学生对高等教育满意度的调查数据进行了相关分析。总体的结论是学生个人情况的差异对学生满意度水平并无显著影响，因此排除了个体的差异对总体结果的影响，高校应该将主要的资源投入到硬实力与软实力的发展上。其中有显著影响的软实力因素如后勤服务、学校形象等应该要比以往获得更多的关注。因此，为了响应国家建设国际一流大学的号召，软实力因素作为以往的研究中被轻视的影响要素有必要作为日后研究的重点。

第九章 北京高校教育服务学生满意度评价
——基于物元模型的分析

本章基于熵权法的物元模型，构建了高校教育服务综合满意度评判体系。并针对北京 3 所具有专业代表性的高校，在调研样本的基础上通过定量化评价分析，提出改进北京高校教育服务的有效建议。

第一节 基于熵权法的物元模型的实证研究设计

在第五章，本书介绍了可拓学理论中的"物元模型"。王金凤、高晓宁和冯立杰（2013）基于可拓学理论构建了研究高校教育服务质量满意度的物元模型，本节简要介绍此模型的建立过程，为接下来的实证研究提供理论支持。

一 物元模型的构建原理

物元模型构成的基本要素是基本元 $R = (N, C, Z)$，它表示事物 N 所具有的特征 C 以及对特征 C 的赋值 Z。对于有多个特征的事物来说，则可以用 n 个特征 c_1，c_2，$\cdots$，c_n 以及对它们的赋值 z_1，z_2，$\cdots$，z_n 表示。a_{0ji}，b_{0ji}，a_{ji}，b_{ji} 是评价等级中每个等级的分值。这里，本书设高校服务质量满意度指标共有 n 个，高校服务质量评价等级共有 m 级，具体见王金凤、高晓宁和冯立杰（2013）。

（一）经典域的确定

$$R_{0j} = (N_{0j}, C, X_{0ji}) = \begin{bmatrix} N_{0j} & c_1 & X_{0j1} \\ & c_2 & X_{0j2} \\ & \vdots & \vdots \\ & c_n & X_{0jn} \end{bmatrix} = \begin{bmatrix} N_{0j} & c_1 & <a_{0j1}, b_{0j1}> \\ & c_2 & <a_{0j2}, b_{0j2}> \\ & \vdots & \vdots \\ & c_n & <a_{0jn}, b_{0jn}> \end{bmatrix} \quad (9.1)$$

假设 N_{0j} 表示对于学校服务质量 N 的第 j 个评价等级（$j=1$，2，$\cdots$，m），C_i 表示 N_{0j} 的第 i 个评价指标，X_{0ji} 为经典域，即第 i 个评价指标的取值范围。

（二）节域的确定

$$R_p = (P, C, X_{pi}) = \begin{bmatrix} P & c_1 & X_{p1} \\ & c_2 & X_{p2} \\ & \vdots & \vdots \\ & c_n & X_{pn} \end{bmatrix} = \begin{bmatrix} P & c_1 & <a_{p1}, b_{p1}> \\ & c_2 & <a_{p2}, b_{p2}> \\ & \vdots & \vdots \\ & c_n & <a_{pn}, b_{pn}> \end{bmatrix} \quad (9.2)$$

设 P 为全部的学生满意度评价等级，X_{pi} 即为节域，它表示每一个评价指标的量值范围。

（三）待评物元的确定

$$R_0 = (P_0, C, V) = \begin{bmatrix} P_0 & c_1 & v_1 \\ & c_2 & v_2 \\ & \vdots & \vdots \\ & c_n & v_n \end{bmatrix} \quad (9.3)$$

设 P_0 为待评物元，即为待评的高校服务满意度，V 则为待评学校学生对于其对应指标的满意度的实际数据。

（四）待评物元指标关于各等级的关联度测度

本章采用可拓学的初等关联函数来计算关联度，关联度是用来测算待评高校满意度与经典域中的等级范围量值的接近程度，对待评物元进行整体性和分指标性的评价。

$$K_j(v_i) = \begin{cases} \dfrac{-\rho(v_i, X_{0ji})}{|X_{0ji}|}, & v_i \in X_{0ji} \\ \dfrac{\rho(v_i, X_{0ji})}{\rho(v_i, X_{pi}) - \rho(v_i, X_{0ji})}, & v_i \notin X_{0ji} \end{cases} \quad (9.4)$$

$$\rho(v_i, X_{0ji}) = \left| v_i - \frac{1}{2}(a_{0ji} + b_{0ji}) \right| - \frac{1}{2}(b_{0ji} - a_{0ji}) \quad (9.5)$$

$$\rho(v_i, X_{pi}) = \left| v_i - \frac{1}{2}(a_{pi} + b_{pi}) \right| - \frac{1}{2}(b_{pi} - a_{pi}) \quad (9.6)$$

$$|X_{0ji}| = |a_{0ji} - b_{0ji}| \quad (9.7)$$

其中，$K_j(v_i)$ 代表待评学校满意度中指标与评价等级的接近程度，$\rho(v_i, X_{0ji})$ 表示 v_i 与经典域 X_{0ji} 的距离，$\rho(v_i, X_{pi})$ 表示 v_i 与节域 X_{pi} 的

距离。在关联度计算中，对于在经典域内部和外部的点会在计算方法上做出调整。

通过公式 $K_j(v_i) = \max K_j(v_i)(j = 1, 2, \cdots, m)$ 来确定待评物元的指标满意度归属的等级。换言之，对于某指标来说，取关联度最大值所在的等级即为此指标的满意度等级。

（五）待评物元关于各等级的综合关联度

综合关联度是用来判定待评学校满意度总体状况所处的等级。

$$K_j(P_0) = \sum_{i=1}^{n} a_i K_j(v_i) \tag{9.8}$$

其中，a_i 表示每一个评价指标 c_i 的权重，并且 $\sum_{i=1}^{n} a_i = 1$，权重的算法见下文。若 $K_j(P_0) = \max K_j(P_0)(j = 1, 2, \cdots, m)$，则可以判定待评学校满意度等级属于综合关联度最大值所在的等级。

关联度的大小可以表示待评学校属于某一满意度等级的程度。物元模型关联度的取值范围是很大的，可以取（$-\infty$，$+\infty$）上的所有值。若 $K_j(P_0) > 0$，则待评学校符合某满意等级的要求，并且符合程度随着关联值增加而变好；若 $-1 \leqslant K_j(P_0) \leqslant 0$，则待评学校不符合某满意等级的要求，但是可以转化为该满意等级，同时转化的容易程度随着关联值的增加而增加；若 $K_j(P_0) < -1$，则待评学校不仅不符合某满意等级的要求，同时不能转化为该满意等级，并且与此满意等级的差距随着关联度值的减小而增加。

二　利用熵权法确定权重

设评价矩阵是由 m 个待评事物以及 n 个评价指标构成，在本书中评价矩阵是待评物元矩阵的转置矩阵，其中，元素 a_{ij} 表示第 i 个待评学校中第 j 项评价指标（$i = 1, 2, \cdots, m; j = 1, 2, \cdots, n$），具体详见式（9.9）：

$$A = \begin{bmatrix} a_{11} & \cdots & a_{1n} \\ \vdots & & \vdots \\ a_{m1} & \cdots & a_{mn} \end{bmatrix} \tag{9.9}$$

首先计算各指标对应的熵值 e_j，表示第 j 个指标所有的熵值：

$$a'_{ij} = \frac{a_{ij}}{\sum_{i=1}^{m} a_{ij}} \tag{9.10}$$

$$k = \frac{1}{\ln(m)} \tag{9.11}$$

$$e_j = -k \sum_{i=1}^{m} a'_{ij} \ln a'_{ij} \tag{9.12}$$

这里 w_j 为第 j 个指标的熵权，统一指标中的不同评价事物的量值越大，熵权值越大。

$$w_j = \frac{d_j}{\sum_{i=1}^{m} d_j} \tag{9.13}$$

$$d_j = 1 - e_j \tag{9.14}$$

通过熵权法计算出来的每一个指标的熵权值 w_j，即对应上文中提到的权重 a_i。

第二节　物元模型的分析过程

一　数据整理和分类

本章研究数据同样来源于 2012 年 4 月对北京 16 所重点大学的本科生进行的问卷调查。样本涉及多个学校的不同专业、不同年级的学生，具体数据情况在第六章已经详细介绍，这里不再赘述。在这些问卷调查中，本章选取了北京大学、北京化工大学和中国政法大学 3 所有代表性的综合、工科、文科大学的数据作为研究对象[1]。

（一）评价指标的确定

本章在原有的中国顾客满意度模型的调查问卷的基础上，结合评价指标设置了一套二级指标。同时为了精减评价指标数量，以上述二级指标为标准，又删除了没有针对性和代表性的指标，将调查问卷上的 52 个问题缩减为 32 个。本章的评价指标综合了学生对本校硬件、软件设施配置的评价以及以个人偏好作为主要导向的评价，并且可以清晰地分为偏主观和偏客观的指标，详见表 9－1。

---

① 王灯山、崔琨、杜照祺：《基于物元模型的高校教育服务质量满意度评价——以北京为例》，《鲁东大学学报》（自然科学版）2015 年第 2 期。

表 9-1　　　　　　　　　　　学生满意度测评体系

二级变量	观测变量	二级变量	观测变量
校园生活环境	校园周边治安 学术氛围 学校地理位置 学生活动场所 体育设施 宿舍环境 食堂食品	制度服务	保研制度 奖惩制度 职业规划 办公效率
		课外活动	课余活动 讲座 社团
学习设施条件	图书馆资源服务 图书馆硬件设施 教学设备 自习室	学校形象	国内声誉 国内知名度 用人单位认可
		感知价值	与同层次高校相比是否满意 与理想高校相比是否满意
师资课程配置	教师平等待人 教师业务素质 教师学术指导 助教 专业课内容 专业课设置 通识教育	学生忠诚	是否会再次选择本校 是否有向他人推荐意愿

（二）评价等级评定范围

本章所采用的评价等级以 7 分制为标准，进一步可将高校教育服务质量满意度分为三个等级：N_{01} 代表不满意，N_{02} 代表一般，N_{03} 代表满意。结合物元模型的基本原理可得，本书中高校服务质量满意度指标数量 $n = 32$，满意度等级 $m = 3$。具体数值见表 9-2。

表 9-2　　　　　　　各指标评价等级的评定范围

指标	指标名称	N_{01}	N_{02}	N_{03}
C_1	校园及周边治安良好	<1, 3>	<3, 5>	<5, 7>
C_2	学校有浓厚的学术氛围	<1, 3>	<3, 5>	<5, 7>
C_3	学校周边环境良好，地理位置便利	<1, 3>	<3, 5>	<5, 7>
C_4	图书馆有丰富的资源和良好的信息服务	<1, 3>	<3, 5>	<5, 7>
C_5	图书馆硬件设施完备，环境舒适	<1, 3>	<3, 5>	<5, 7>

续表

指标	指标名称	N_{01}	N_{02}	N_{03}
C_6	供学生活动的场所充足	<1, 3>	<3, 5>	<5, 7>
C_7	教室有足够的教学设备	<1, 3>	<3, 5>	<5, 7>
C_8	学校有充足的体育设施	<1, 3>	<3, 5>	<5, 7>
C_9	自习室充足	<1, 3>	<3, 5>	<5, 7>
C_{10}	老师对学生一视同仁	<1, 3>	<2, 6>	<5, 7>
C_{11}	助教认真负责	<1, 3>	<2, 6>	<5, 7>
C_{12}	老师给予学生充足的学术指导	<1, 3>	<2, 6>	<5, 7>
C_{13}	任课老师知识丰富，业务素质良好	<1, 3>	<2, 6>	<5, 7>
C_{14}	专业课程的内容是有价值的	<1, 3>	<2, 6>	<5, 7>
C_{15}	专业课课程设置合理	<1, 3>	<2, 6>	<5, 7>
C_{16}	学校提供有价值的通识教育	<1, 3>	<3, 5>	<5, 7>
C_{17}	学校的保研制度公平合理	<1, 3>	<3, 5>	<5, 7>
C_{18}	学校对学生的奖惩公平合理	<1, 3>	<3, 5>	<5, 7>
C_{19}	宿舍环境舒适（空间，采光，保暖，通风等）	<1, 3>	<2, 6>	<5, 7>
C_{20}	食堂里的食品味道可口，品种多样，价格合理	<1, 3>	<3, 5>	<5, 7>
C_{21}	学生的职业规划能够得到有价值的指导	<1, 3>	<3, 5>	<5, 7>
C_{22}	学校办公效率高	<1, 3>	<3, 5>	<5, 7>
C_{23}	学校组织丰富多彩的课余活动（如体育比赛）	<1, 3>	<3, 5>	<5, 7>
C_{24}	学校提供的讲座等活动满足了学生的需求	<1, 3>	<3, 5>	<5, 7>
C_{25}	社团活动丰富多样，活动质量高	<1, 3>	<3, 5>	<5, 7>
C_{26}	与同层次的高校相比，我对自己的学校很满意	<1, 4>	<2, 6>	<4, 7>
C_{27}	与我理想的高校相比，我对自己的学校很满意	<1, 4>	<2, 6>	<4, 7>
C_{28}	如果要我重新选择，我还会选择这个学校	<1, 4>	<2, 6>	<4, 7>
C_{29}	我有强烈的意愿向其他人推荐自己的学校	<1, 4>	<2, 6>	<4, 7>
C_{30}	学校在全国有很好的声誉	<1, 3>	<2, 6>	<5, 7>
C_{31}	学校在全国有很高的知名度	<1, 3>	<2, 6>	<5, 7>
C_{32}	企业、政府部门等对学校的认可程度高	<1, 3>	<2, 6>	<5, 7>

根据指标的不同性质，各等级的评价范围可划分为三类：

第一类指标包括 C_1—C_9、C_{16}—C_{18}、C_{20}—C_{25}。这类指标的特点是：同一学校所有被调查的学生在回答这些问题时所参照的对象基本是统一的，受到不同调查者特有的主观因素的影响最少，评价过程最客观。将得分1—3、3—5、5—7分别划分指标为"不满意"、"一般"、"满意"三个等级。

第二类指标包括C_{10}—C_{15}、C_{19}、C_{30}—C_{32}。这类指标的特点是：虽然考察的是一些客观性的事物，但即使是同一所学校的学生，在回答这些问题时也会由于不同学院或专业等因素而导致他们对于这一问题可能会有不同的考量。他们的答案会因个人经历不同而被影响，是在同一所学校产生的差异性想法，评价结果中会掺杂一定主观性因素。将得分1—3、2—6、5—7分别划分指标为"不满意"、"一般"、"满意"三个等级。

第三类指标包括C_{26}—C_{29}。这类指标的特点是：这些结果完全是由被调查者的意愿做主而得到，很难找到客观性的度量单位，样本的差异性非常大。将得分1—4、2—6、4—7分别划分指标为"不满意"、"一般"、"满意"三个等级。

这种分类方法的原则是将评价指标按相对主客观的程度不同来划分，对需要被调查者以最主观的想法来回答的第三类问题来说，除了1分和7分两个最极端的量值，2—6分都属于较为模糊的评级。相对第一类可以清晰的量值、得分差异有明显不同意义的客观性问题来说，第三类问题的量值中如2分和3分的差别甚至2分和4分的差别都并不是很明显。因此<1，4>，<2，6>，<4，7>这种分级想要体现的便是主观性问题所具有的一种模棱两可的性质：2—4分在这样的问题类别中是可以同时倾向于"不满意"和"一般"两个级别的，而4—6分在这样的问题类别中是可以同时倾向于"一般"和"满意"两个级别的。

同理，<1，3>，<2，6>，<5，7>的分级方式的模糊性较少，则最清晰的分级方式是<1，3>，<3，5>，<5，7>。

二　实际测算

首先将表9-1中的数据代入式（9.1）、式（9.2），可以得到各个满意度的经典域和节域。

$$R_{01} = (N_{01}, C, X_{0ji}) = \begin{bmatrix} N_{01} & c_1 & <1,\ 3> \\ & c_2 & <1,\ 3> \\ & \vdots & \vdots \\ & c_{32} & <1,\ 3> \end{bmatrix} \tag{9.15}$$

$$R_{02} = (N_{02}, \ C, \ X_{0ji}) = \begin{bmatrix} N_{02} & c_1 & <3, \ 5> \\ & c_2 & <3, \ 5> \\ & \vdots & \vdots \\ & c_{32} & <2, \ 6> \end{bmatrix} \tag{9.16}$$

$$R_{03} = (N_{03}, \ C, \ X_{0ji}) = \begin{bmatrix} N_{02} & c_1 & <5, \ 7> \\ & c_2 & <5, \ 7> \\ & \vdots & \vdots \\ & c_{32} & <5, \ 7> \end{bmatrix} \tag{9.17}$$

$$R_P = (P, \ C, \ X_{pi}) = \begin{bmatrix} N_{02} & c_1 & <5, \ 7> \\ & c_2 & <5, \ 7> \\ & \vdots & \vdots \\ & c_{32} & <5, \ 7> \end{bmatrix} \tag{9.18}$$

同时，将三所大学的调查问卷每一项指标的打分值做算术平均处理，将结果代入式（9.3）得到待评物元。

$$R_0 = (P_0, \ C, \ V) = \begin{bmatrix} P_0 & C & 北大 & 北化 \\ & c_1 & 5.171 & 4.923 \\ & c_2 & 5.5 & 4.580 \\ & \vdots & \vdots & \vdots \\ & c_{32} & 6.414 & 4.790 \end{bmatrix} \tag{9.19}$$

将数据代入式（9.9）—式（9.14）计算可以得到权重：

$w_j = $ （0.003, 0.013, 0.017, 0.046, 0.097, 0.136, 0.053, 0.127, 0.043, 0.003, 0.002, 0.002, 0.003, 0.004, 0.002, 0.015, 0.003, 0.010, 0.026, 0.026, 0.008, 0.007, 0.044, 0.012, 0.034, 0.032, 0.026, 0.040, 0.034, 0.042, 0.059, 0.032）。

由上述数据代入式（9.4）—式（9.8）后得到的关联度、综合关联度以及满意度评定如表9-3、表9-4和表9-5所示。

表9-3 北京大学学生满意度评价结果

关联度	N_{01}	N_{02}	N_{03}	满意度等级
$K_j \ (v_1)$	-0.543	-0.086	0.086	满意

续表

关联度	N_{01}	N_{02}	N_{03}	满意度等级
$K_j\ (v_2)$	-0.625	-0.250	0.250	满意
$K_j\ (v_3)$	-0.639	-0.278	0.278	满意
$K_j\ (v_4)$	-0.745	-0.491	0.491	满意
$K_j\ (v_5)$	-0.689	-0.378	0.378	满意
$K_j\ (v_6)$	-0.428	0.144	-0.112	一般
$K_j\ (v_7)$	-0.533	-0.065	0.065	满意
$K_j\ (v_8)$	-0.429	0.142	-0.111	一般
$K_j\ (v_9)$	-0.419	0.162	-0.122	一般
$K_j\ (v_{10})$	-0.560	0.190	0.120	一般
$K_j\ (v_{11})$	-0.507	0.243	0.014	一般
$K_j\ (v_{12})$	-0.553	0.197	0.106	一般
$K_j\ (v_{13})$	-0.639	0.111	0.277	满意
$K_j\ (v_{14})$	-0.601	0.149	0.203	满意
$K_j\ (v_{15})$	-0.462	0.288	-0.066	一般
$K_j\ (v_{16})$	-0.533	-0.065	0.065	满意
$K_j\ (v_{17})$	-0.416	0.169	-0.126	一般
$K_j\ (v_{18})$	-0.532	-0.063	0.063	满意
$K_j\ (v_{19})$	-0.229	0.461	-0.289	一般
$K_j\ (v_{20})$	-0.386	0.227	-0.156	一般
$K_j\ (v_{21})$	-0.407	0.186	-0.135	一般
$K_j\ (v_{22})$	-0.329	0.342	-0.203	一般
$K_j\ (v_{23})$	-0.602	-0.205	0.205	满意
$K_j\ (v_{24})$	-0.673	-0.347	0.347	满意
$K_j\ (v_{25})$	-0.653	-0.305	0.305	满意
$K_j\ (v_{26})$	-0.589	0.059	0.411	满意
$K_j\ (v_{27})$	-0.456	0.158	0.456	满意
$K_j\ (v_{28})$	-0.551	0.087	0.449	满意
$K_j\ (v_{29})$	-0.572	0.071	0.428	满意
$K_j\ (v_{30})$	-0.889	-0.554	0.223	满意
$K_j\ (v_{31})$	-0.912	-0.647	0.176	满意
$K_j\ (v_{32})$	-0.854	-0.414	0.293	满意
$K_j\ (v_{北大})$	-0.572	-0.089	0.136	满意

表 9 - 4　　　　　　　　北京化工大学学生满意度评价结果

关联度	N_{01}	N_{02}	N_{03}	满意度等级
$K_j\ (v_1)$	- 0.481	0.038	- 0.036	一般
$K_j\ (v_2)$	- 0.395	0.210	- 0.148	一般
$K_j\ (v_3)$	- 0.526	- 0.052	0.052	满意
$K_j\ (v_4)$	- 0.421	0.157	- 0.120	一般
$K_j\ (v_5)$	- 0.399	0.203	- 0.144	一般
$K_j\ (v_6)$	- 0.224	0.406	- 0.297	一般
$K_j\ (v_7)$	- 0.287	0.427	- 0.230	一般
$K_j\ (v_8)$	- 0.219	0.388	- 0.306	一般
$K_j\ (v_9)$	- 0.233	0.437	- 0.281	一般
$K_j\ (v_{10})$	- 0.449	0.301	- 0.084	一般
$K_j\ (v_{11})$	- 0.423	0.327	- 0.118	一般
$K_j\ (v_{12})$	- 0.458	0.292	- 0.072	一般
$K_j\ (v_{13})$	- 0.524	0.226	0.049	一般
$K_j\ (v_{14})$	- 0.497	0.253	- 0.007	一般
$K_j\ (v_{15})$	- 0.406	0.344	- 0.137	一般
$K_j\ (v_{16})$	- 0.465	0.070	- 0.061	一般
$K_j\ (v_{17})$	- 0.425	0.150	- 0.116	一般
$K_j\ (v_{18})$	- 0.456	0.087	- 0.074	一般
$K_j\ (v_{19})$	- 0.246	0.493	- 0.257	一般
$K_j\ (v_{20})$	- 0.178	0.276	- 0.362	一般
$K_j\ (v_{21})$	- 0.412	0.176	- 0.130	一般
$K_j\ (v_{22})$	- 0.376	0.248	- 0.166	一般
$K_j\ (v_{23})$	- 0.458	0.084	- 0.072	一般
$K_j\ (v_{24})$	- 0.441	0.119	- 0.096	一般
$K_j\ (v_{25})$	- 0.378	0.245	- 0.164	一般
$K_j\ (v_{26})$	- 0.128	0.404	0.128	一般
$K_j\ (v_{27})$	- 0.049	0.463	0.049	一般
$K_j\ (v_{28})$	- 0.021	0.484	0.021	一般
$K_j\ (v_{29})$	- 0.072	0.446	0.072	一般
$K_j\ (v_{30})$	- 0.418	0.332	- 0.124	一般
$K_j\ (v_{31})$	- 0.362	0.388	- 0.178	一般
$K_j\ (v_{32})$	- 0.448	0.302	- 0.087	一般
$K_j\ (v_{北化})$	- 0.294	0.324	- 0.165	一般

表 9 – 5　　　　　　　　中国政法大学学生满意度评价结果

关联度	N_{01}	N_{02}	N_{03}	满意度等级
K_j (v_1)	– 0.433	0.134	– 0.106	一般
K_j (v_2)	– 0.492	0.015	– 0.015	一般
K_j (v_3)	– 0.369	0.262	– 0.172	一般
K_j (v_4)	– 0.320	0.360	– 0.209	一般
K_j (v_5)	– 0.148	0.210	– 0.395	一般
K_j (v_6)	0.238	– 0.238	– 0.619	不满意
K_j (v_7)	– 0.171	0.259	– 0.370	一般
K_j (v_8)	0.207	– 0.207	– 0.604	不满意
K_j (v_9)	– 0.124	0.165	– 0.418	一般
K_j (v_{10})	– 0.495	0.255	– 0.009	一般
K_j (v_{11})	– 0.451	0.299	– 0.082	一般
K_j (v_{12})	– 0.473	0.277	– 0.049	一般
K_j (v_{13})	– 0.561	0.189	0.122	一般
K_j (v_{14})	– 0.483	0.267	– 0.031	一般
K_j (v_{15})	– 0.380	0.370	– 0.163	一般
K_j (v_{16})	– 0.303	0.393	– 0.220	一般
K_j (v_{17})	– 0.338	0.323	– 0.196	一般
K_j (v_{18})	– 0.340	0.320	– 0.195	一般
K_j (v_{19})	– 0.471	0.279	– 0.052	一般
K_j (v_{20})	– 0.213	0.372	– 0.314	一般
K_j (v_{21})	– 0.271	0.457	– 0.239	一般
K_j (v_{22})	– 0.241	0.466	– 0.267	一般
K_j (v_{23})	– 0.226	0.412	– 0.294	一般
K_j (v_{24})	– 0.550	– 0.101	0.101	满意
K_j (v_{25})	– 0.305	0.390	– 0.219	一般
K_j (v_{26})	– 0.224	0.332	0.224	一般
K_j (v_{27})	– 0.171	0.372	0.171	一般
K_j (v_{28})	– 0.321	0.259	0.321	满意
K_j (v_{29})	– 0.315	0.264	0.315	满意
K_j (v_{30})	– 0.689	0.061	0.378	满意
K_j (v_{31})	– 0.716	0.034	0.433	满意
K_j (v_{32})	– 0.630	0.120	0.259	满意
K_j $(v_{政法})$	– 0.189	0.120	– 0.204	一般

三　计算结果分析

（一）关联度结果分析

由综合关联度取值可以看出，北京大学学生对于本校的满意度等级为"满意"，这是意料之中的结果。而分别看各指标时发现满意度等级为一般的指标并不少，评价等级"一般"符合度高的指标集中在制度服务以及与校园生活环境相关的硬件设施上；而对于一些涉及师资配置的指标，评价等级为"一般"，同时也有一定的"满意"倾向。值得注意的是，评价等级为"满意"的指标中，感知价值和学生忠诚两方面的指标都一定程度地倾向于"一般"，从关联度结果可以看出该校应着重加强硬件设施建设，为课外生活提供充足的条件，同时，需要建立一套公平公正的制度体系来保障学生的权利。

北京化工大学学生对于本校的满意度为"一般"，它的指标满意度除一项为"满意"外其他均为"一般"。在所有评价等级为"一般"的指标中，倾向于"满意"等级的指标主要集中在感知价值和学生忠诚上，同时师资课程配置所包含的指标也大多有对"满意"等级的倾向。从关联度值对本等级的符合值来说，需要对校园生活环境和学习条件等硬件设施加强建设。学校整体发展程度较平均，因此有较大上升空间。

中国政法大学学生对于本校的满意度为"一般"，同时可以看到它的综合关联度值 0.120 相对于北京化工大学的 0.324 明显偏低，符合程度更低，更容易转化为评价等级"不满意"，而更难转化为评价等级"满意"，因此总体满意度不如北京化工大学。它的指标满意度有一定的分化，"一般"等级的指标占据了大部分，同时有一定数量的等级为"满意"和"不满意"的指标。评价等级为"不满意"的指标均与校园学习生活相关的硬件设施有关；评价等级为"一般"的指标中，倾向于"满意"的指标集中在师资课程配置以及感知价值上；学生忠诚和学校形象所包含的指标的评价等级则均为"满意"。该校指标的关联值大小差别比较严重，发展还不够全面。最需要改进之处仍然是与生活环境相关的硬件设施，其次就是加强制度建设来营造一个公平、健康的制度环境，给学生以信心和激励。

（二）权重计算结果分析

首先从实证分析中的权重大小可以看出，校园生活环境和学习设施的硬件条件以及感知价值和学校形象所代表的学生极为主观的认知所占权重较大，这两部分的评价结果经常会较大地拉开高校质量服务满意度的差距，对评价结果起到重要的影响，这样的结果比较符合普遍的认知。上述关联度中所有学校都提到了对于硬件条件改进的必要性，可见这样的权重计算方法得到的结果比较客观。

第三节　实证结果和政策建议

本章建立了基于熵权法的物元模型，并将数据代入模型进行了实证研究。用熵权法得到的权重值总结了指标对满意度结果的影响程度，用物元模型的关联度详细分析了北京3所高校的学生对学校服务的满意度。本书中"待评物元"的取值是通过对3所高校调查问卷所得的每个指标数据取算术平均值而得到的，计算方法虽然简便，但有一定的不严谨之处，有些因素没有加以考虑，比如每个学校被调查人群中各年级所占的比例不同，而不同年级的学生会对本校的情况有不同程度的认识；学生的家庭条件和成长环境不尽相同，而家庭教育的条件会对学生的感性认知有不同的影响，等等。对"待评物元"有影响的因素赋以权重，进而建立一个"待评物元"的新的计算体系将是本书接下来的研究重点。

通过本章的实证研究可以得出一些可操作性的政策建议：在实证分析部分可以明显看到，3所高校学生满意度最不理想的部分均与校园生活环境和学习设施条件有关，尤其是和校园生活息息相关的吃、住以及休闲方面的硬件设施有关。这与北京作为我国政治、文化和经济三位一体的中心而导致的人多地少有不可分割的关系。对于北京的教育部门来说，要优先为北京的高校解决建设面积、建设资金不足的问题，而对于各高校来说也要加强并重视与学生学习生活息息相关的硬件设施的建设，在有限的条件下最大化地利用资金和场地。毕竟大学对于大学生来说不仅是学习的圣地，也是他们四年生活的家。良好的硬件配置对于教师教学有显而易见的帮助，对学生的自主学习也将提供便利的条件。

三种不同类型的大学存在各自的问题。对于综合性大学来说，学科众多、学生数量大，课内课外活动多样，学生需求广泛，从而该校需要重点改进与学生升学、就业相关的制度，保证每个学生都能被公平对待并为他们未来的发展提供坚实的保障。

对理工科大学来说，其本身的理工类专业的设置在一定程度上比文史类专业更有利于学生未来的发展和就业，此类大学的建设本身在硬件上的投资也有一定的要求。但由研究结果可知，此类学校的建设总体易落入平庸，虽总体满意度尚可，但指标满意度平平，因此这类大学需要加强特色建设，发挥长处来吸引更多的学生。

而文史类大学最大的问题则是各指标发展不均衡，满意度差异性大，整体满意度不如理工类大学。这类大学最需要的是加强核心竞争力，全面改善各项指标中所存在的问题，缩小与同类优秀大学的差距。同时国家也需要加大对这类大学的重视和投入，从制度上改变这类大学的建设劣势。

第十章 政策建议与研究展望

本书基于若干高校教育服务学生满意度测评模型，在对北京市 16 所高校开展调查问卷研究的基础上，分析了当前我国高校教育服务的现状。本章从宏观和微观两个角度提出一些政策建议，并指出研究的局限性与后续研究展望。

第一节 政策建议

一 从高校的办学制度化和办学目标方面，通过模型构建和数据分析，本书有如下四点对策建议

（一）建立统一的学生满意度高等教育评测指标

欧美的一些发达国家已经比较重视高等教育方面的研究，也取得了一定的成果，形成了国家评测指标。尤其美国的 SSI 量表已经成为最具影响力的学生满意度测量工具。与此相比，目前我国对高等教育服务满意度评价的研究重视度不够，不仅实证研究范围较小，而且研究方法也不尽统一，难以形成区域甚至国家性质的评测体系。因此，我国迫切需要借鉴欧洲、美国等发达国家高等教育的经验，重视高校教育服务的满意度评价，建立一个统一的国家级指标。

（二）建立可长期跟踪的满意度指标体系和制度

目前，我国高等教育的研究大多采用横截面数据，缺乏连续性的实验结果，追溯性较差。然而每个学校都有其自身特色，优劣性各有不同，建立一个支持跟踪调查的指标体系和制度不仅可以弥补由于学校自身的专业性而缺乏样本这一问题，而且学校还可以利用自身发展路径，找到最有效地提升学生满意度的方法，提高自身在市场化的高等教育服务中的竞争力，从而有效提高我国教育软实力。

（三）不断改善校园环境，增强高校硬实力

经我们的分析发现，学生对自己所在高校的环境总体上是满意的，而且与总体满意度呈正相关性，所以改善校园环境是提升学生们满意度的一条重要途径。在本书中，校园环境包含描述学校硬件设施的标识变量。目前学生在总体上满意表示长期以来高校注重本校设施建设是卓有成效的。所以高校应该在现在的基础上制定切合自身实际情况的建设规划，优美的校园不但会使学生更加满意以及有归属感，也会使学校形象越来越好。

（四）重视学校软实力的提升，真正实现素质教育

从对北京16所高校的研究数据来看，学生对于高校教室拥有的教学设备数量这样的硬件设备普遍比较满意，这可能是在以往的高校评估中重视硬件设备的结果，也充分反映了北京教育物质资源丰富。同时又发现很多学校的软件条件，诸如学校学术氛围浓厚度、学术培养方案清晰度、学校提供有价值的通识教育等都处于急需改进的行列。这一方面表明，学生的需求已经转向更加重视学校软实力的方向，高校工作的重点不应仅仅放在硬件设施的提升；另一方面，每个高校急需改进的因素又各不相同，要求学校在今后的工作中重视自身的软实力欠缺点，提升学校软实力，真正做到素质教育。

二　从人口统计特征、家庭和学生的学科专业方面考虑，本书的政策建议主要有如下三点

（一）年级对各维度影响的对策与思考

在教学设施、师资水平和课程设置方面，高校需以需求为导向，不断优化教育资源，找出适合学生多样化需求的解决办法。

（1）课程设置影响忠诚度，学生愿意选择更有发展前途、实力强的学科，并推荐给别人。所以，对于办学力度相对较弱而市场需求量大的学科，高校应该给予大力支持，加大投入；而对于市场需求量小但办学力度强的学科，高校应当部分选择保留或停办。

（2）在后勤服务方面，后勤服务与学生生活息息相关，后勤服务的好坏直接影响到学生满意度的直观评价。从宏观上讲，高校管理者应该转变后勤服务理念，提升服务水平；从微观上讲，使高校管理制度标准化、规范化，强化员工在业务知识、服务规范等技能方面的培训，例如每个季度进行员工星级考核评定，重视学生投诉意见、每季度举行后勤服务座谈会，有针对性地讨论后勤服务出现的问题以及解决方法等，要自觉贯彻落

实"学生满意度"这个理念，保证意见反馈渠道的畅通，使后勤真正做到让学生满意。

（3）高校要重视形象，树立品牌意识。高校形象对于学生及潜在学生的影响是不容小觑的，它不只是受大众长期形成的固定形象影响，也受舆论媒体和学生、学生家长口碑的影响。所以，高校在宣传、招生时，应当以树立品牌形象为目标，更好地整合学生的价值观和配置学生资源，建立具有高校独特形象的标识，提高学生对高校形象的信任和认同。

（二）针对家庭月收入、生源地来源和家庭教育水平对高校教育水平满意度提出的对策与思考

（1）在校园环境氛围和教学设施方面，高校应该投入更多的时间和精力建设校园文化，形成有高校自己特色的校园文化氛围，关心学生的身心健康成长，加强人际交往能力；高校不仅应该关心学生的学习，还要关心学生的生活方面，从整体上构建一个健康、和谐、积极和融洽的校园环境，让更多的学生感受到来自学校教师和职工的人文关怀。

（2）在课程设置方面，高校要积极听取学生的反馈和意见，以满足学生需求为出发点，不断进行专业调整与改革；通过启发和引导激发学生的内在需求，有计划、有目的地组织并规范各种教育活动，自主地、创造性地培养学生进行认识和实践活动；改革课程体系，选择合适的教材，注意更新教材内容，不断改革教育方法和教育手段，培养学生实际动手能力和创新精神，提高满意度。

（3）高校要重视学生的心理健康，积极开展健康的心理教育活动。高校应该主动采取措施，例如：建立学生咨询档案、增加心理咨询师的开放时间、鼓励学生主动进行心理咨询，同时学校还要引进高水平的针对大学生心理的心理咨询师，循循善诱，让学生的实际学校生活调整到更加符合自身期望值水平，提高学生的服务满意度。

（三）基于熵权法的物元模型，通过构建高校教育服务综合满意度评判体系，本书对综合性大学、理工科大学和文史类大学这三类高校进行定量化评价分析，提出改进高校教育服务的有效建议

（1）对于综合性大学来说，由于其学科门类众多、学生数量大、学生需求广泛，需要重点改进学生升学、就业相关的制度，保证每个学生都能被公平对待并为他们未来发展提供坚实的保障。

（2）对理工科大学来说，其本身的理工类专业的设置在一定程度上

比文史类专业更有利于学生未来的发展和就业，此类大学的建设本身在硬件上的投资也有一定的要求。但由研究结果可知，此类学校的建设总体易落入平庸，虽总体满意度尚可，但指标满意度平平，因此这类大学需要加强特色建设，发挥长处来吸引更多的学生。

（3）文史类大学最大的问题则是各指标发展不均衡，满意度差异性大，整体满意度不如理工类大学。这类大学最需要的是加强核心竞争力，全面改善各项指标中所存在的问题，缩小与同类优秀大学的差距。同时国家也需要加大对这类大学的重视和投入，从制度上改变这类大学的建设劣势。

第二节　研究局限性与后续研究展望

虽然本书在实践运用中具有一定的参考意义和借鉴价值，但是，本书还存在着不足之处，可在后续研究中补充、改进，具体表现在：

一　样本量存在局限

由于调查时间不足和调查成本高等客观因素的限制，本次调查只选取了北京 16 所高校，共发放调查问卷 2200 份，回收问卷 2053 份，删除掉无效问卷后，有效问卷只有 1566 份，每个学校的问卷数平均下来不足 100 份。虽然这已经是目前研究中数据较多的调查之一，但势必还是会对研究结果产生一定的影响，以后研究可以继续扩大样本容量。

二　样本代表性存在局限

此次调查中所使用的调查数据只是来自北京，在各个学校的调查中有可能会忽视某些专业，并且对于有分校区的学校，不同校区的学生只反映了该校区的情况而不能反映学校整体情况，造成样本的代表性存在一定的局限。今后的研究中可以按照我国各地区高校学生比例来确定地区问卷数，按照高校专业人数比例来确定专业问卷数，以求更准确地研究我国高校教育服务学生满意度问题，提出更加有价值的政策建议和研究结论。

三　样本数据可靠性问题

在问卷调查上，虽然从获得的 2053 份问卷中剔除掉了 487 份无效问卷，但是依然可能存在被测试人员在相关问题上不经思索填答而且恰好被认为是有效问卷的可能性，尤其是在收入一栏中，低收入者倾向于提高自身收入而高收入者倾向于降低自身收入，这会对研究结果的准确性产生一定的影响。在后续研究中，我们应该注意在这一问题上更好地有效控制，以求得到有效的调查问卷。

另外，对高校教育服务学生满意度的研究，不应仅仅只对重点一本大学，对二本、三本甚至高职高专类院校都有很重要的研究意义；并且不应仅关注本科生的满意程度，还要考虑研究生对高校教育服务的满意程度。因此，在今后的研究中，我们将更加广泛进行学生满意度的调查研究和实证分析，促使我国整个高等教育评价体系更加完善，为我国教育事业的发展做出积极贡献。

附录1 高校教育服务质量学生 满意度调查问卷草稿

下面是本书针对北京高校教育服务设计的学生满意度调查问卷草稿，该问卷中共有 72 个变量。

1. 进高校之前，对该校的总体期望。（分值越大，期望越大）

2. 进高校之前，对就读学校后个人发展前景的预期。（分值越大，期望越大）

3. 校园及周边治安良好。

4. 学校有浓厚的学术氛围。

5. 校园环境设施维护情况良好。

6. 校园环境优美。

7. 学校周边环境良好。

8. 学校地理位置好。（比如：交通便利、周边服务设施齐全）

9. 图书馆有丰富的资源和良好的信息服务。

10. 图书馆硬件设施完备、环境舒适。

11. 机房能够提供足够机位且设备状况良好。

12. 供学生活动的场所充足。

13. 教室有足够的设备。

14. 充足的体育设施。

15. 自习室充足。

16. 在专业课程上受到了出色的指导。

17. 老师对学生一视同仁。

18. 助教认真负责。

19. 老师平易近人，容易相处。

20. 老师给予学生充足的学术指导。

21. 老师有丰富的知识。

22. 老师因材施教，教学有针对性。

23. 专业课程的内容是有价值的。

24. 课程设置合理。

25. 选课系统高效方便。

26. 学生的培养方案清晰合理。

27. 提供充足的国际性校际交流机会。

28. 学生参加研究活动，甚至负责研究项目。

29. 学校提供有价值的通识教育（如理工学校是否提供文科性的活动）。

30. 高质量的体育课。

31. 学校的保研制度合理。

32. 学校其他收费（包括体检、证件办理）合理。

33. 对学生违纪的处理程序是公正的。

34. 学校提供充足的助教、助研、勤工俭学机会。

35. 学校关注身体有缺陷的学生。

36. 奖学金和助学金的发放计划清晰，评选方式公开透明。

37. 奖学金和助学金的覆盖面大。

38. 学生有适当的渠道反映自己对学校的意见。

39. 图书馆工作人员平易近人且能很好地提供帮助。

40. 校医院提供令人满意的医疗服务。

41. 学校各部门的办公时间对学生而言很方便。

42. 宿舍环境是否舒适（足够的空间、采光、保暖、通风等等）。

43. 注册手续简便。

44. 安保部门的工作人员对紧急事件反应迅速。

45. 食堂里的食品味道可口、品种多样。

46. 食堂饭菜价格合理。

47. 学生公寓工作人员的服务态度良好。

48. 学生的职业规划能够得到有价值的指导。

49. 学生手册提供了有用的信息。

50. 学校办公效率高。

51. 对新生进行特别的指导以使他们快速地适应学校生活。

52. 招生处工作人员热情负责，知识丰富。

53. 学校组织丰富多彩的课余活动（如体育比赛）。

54. 学校所提供的学术活动（如讲座）很好地满足了学生的需求。

55. 社团活动丰富多样，活动质量高。

56. 在校园中我感到非常舒适。

续表

57. 在该校花费的时间和费用是有价值的。
58. 我不后悔没有选择其他大学。
59. 迄今为止，你的大学生活体验符合你的预期吗？（分值越大，越符合预期）
60. 请为你迄今为止的大学生活体验打分。
61. 与同层次的高校相比，你对自己学校的满意程度。
62. 与你理想的高校相比，你对自己学校的满意程度。
63. 如果要你重新选择，你是否还会选择这个学校。
64. 绝大部分学生都有归属感。
65. 你为自己的学校感到自豪。
66. 我有强烈的意愿向其他人推荐自己的学校。
67. 学校在当地有很好的声誉。
68. 学校在全国有很好的声誉。
69. 学校在当地有很高的知名度。
70. 学校在全国有很高的知名度。
71. 学校有良好的国际声誉。
72. 企业、政府部门等对学校的认可程度高。

附录2 高校教育服务质量学生满意度调查问卷

亲爱的同学：

您好！我们正在进行高等教育服务项目的调查研究。为了保证项目研究成果的真实性和准确性，特组织此次问卷调查，旨在了解您对目前高等教育服务的满意程度。调查所得信息仅用于项目研究，个人信息将得到保密处理，请您放心填写。

我们非常希望您能参与此次调查，对您的支持表示由衷的感谢！

第一部分：个人基本情况

【说明】您的个人信息仅供统计分析使用，并将得到保密处理。请您根据自己的真实情况，填写相关信息或者在相应的选项序号上画"√"。

1. 您的专业：_____，您的年级：_____
2. 您的性别：①男　　　　②女
3. 您的家庭月收入：
①3000元以下　　　　②3001—6000元
③6001—10000元　　　　④10000元以上
4. 你来自于：①农村　　　　②城镇
5. 你父亲的受教育程度：
①小学及以下　　　　②初中　　　　③高中或中专
④大专或大学本科　　　　⑤研究生及以上
6. 你母亲的受教育程度：
①小学及以下　　　　②初中　　　　③高中或中专
④大专或大学本科　　　　⑤研究生及以上

第二部分：具体评价

【说明】请您根据自己在校的真实感受，对学校以下各方面进行评价。评分采取 7 分制，请根据自己对以下描述的认同程度进行评分。分值越大，表示认同程度越高，在相应的分值下画"√"即可。

调查项目	评分						
1. 校园及周边治安良好	1	2	3	4	5	6	7
2. 学校有浓厚的学术氛围	1	2	3	4	5	6	7
3. 校园环境优美	1	2	3	4	5	6	7
4. 学校周边环境良好，地理位置便利	1	2	3	4	5	6	7
5. 图书馆有丰富的资源和良好的信息服务	1	2	3	4	5	6	7
6. 图书馆硬件设施完备、环境舒适	1	2	3	4	5	6	7
7. 供学生活动的场所充足	1	2	3	4	5	6	7
8. 教室有足够的教学设备	1	2	3	4	5	6	7
9. 学校有充足的体育设施	1	2	3	4	5	6	7
10. 自习室充足	1	2	3	4	5	6	7
11. 老师对学生一视同仁	1	2	3	4	5	6	7
12. 助教认真负责	1	2	3	4	5	6	7
13. 老师平易近人，容易相处	1	2	3	4	5	6	7
14. 老师给予学生充足的学术指导	1	2	3	4	5	6	7
15. 任课老师知识丰富，业务素质良好	1	2	3	4	5	6	7
16. 老师因材施教，教学有针对性	1	2	3	4	5	6	7
17. 专业课程的内容是有价值的	1	2	3	4	5	6	7
18. 专业课课程设置合理	1	2	3	4	5	6	7
19. 学生的培养方案清晰明确	1	2	3	4	5	6	7
20. 学校提供有价值的通识教育	1	2	3	4	5	6	7
21. 学校的保研制度公平合理	1	2	3	4	5	6	7
22. 学校其他收费（包括体检、证件办理）合理	1	2	3	4	5	6	7
23. 学校关注身体有缺陷的学生	1	2	3	4	5	6	7
24. 学校对学生的奖惩公平合理	1	2	3	4	5	6	7
25. 图书馆工作人员态度友好并能很好地提供帮助	1	2	3	4	5	6	7
26. 校医院提供令人满意的医疗服务	1	2	3	4	5	6	7

续表

调查项目	评分						
27. 宿舍环境舒适（空间、采光、保暖、通风等）	1	2	3	4	5	6	7
28. 注册手续简便	1	2	3	4	5	6	7
29. 学校对突发事件反应迅速	1	2	3	4	5	6	7
30. 食堂里的食品味道可口、品种多样、价格合理	1	2	3	4	5	6	7
31. 学生公寓工作人员的服务态度良好	1	2	3	4	5	6	7
32. 学生的职业规划能够得到有价值的指导	1	2	3	4	5	6	7
33. 学生手册提供了有用的信息	1	2	3	4	5	6	7
34. 学校办公效率高	1	2	3	4	5	6	7
35. 学校对新生有特别指导以使他们适应校园生活	1	2	3	4	5	6	7
36. 招生处工作人员热情负责，相关知识丰富	1	2	3	4	5	6	7
37. 学校组织丰富多彩的课余活动（如体育比赛）	1	2	3	4	5	6	7
38. 学校提供的讲座等活动满足了学生的需求	1	2	3	4	5	6	7
39. 社团活动丰富多样，活动质量高	1	2	3	4	5	6	7
40. 在该校花费的时间和费用是有价值的	1	2	3	4	5	6	7
41. 迄今为止，我的大学生活体验符合我的预期	1	2	3	4	5	6	7
42. 与同层次的高校相比，我对自己的学校很满意	1	2	3	4	5	6	7
43. 与我理想的高校相比，我对自己的学校很满意	1	2	3	4	5	6	7
44. 如果要我重新选择，我还会选择这个学校	1	2	3	4	5	6	7
45. 我对这个学校很有归属感	1	2	3	4	5	6	7
46. 我有强烈的意愿向其他人推荐自己的学校	1	2	3	4	5	6	7
47. 学校在当地有很好的声誉	1	2	3	4	5	6	7
48. 学校在全国有很好的声誉	1	2	3	4	5	6	7
49. 学校在当地有很高的知名度	1	2	3	4	5	6	7
50. 学校在全国有很高的知名度	1	2	3	4	5	6	7
51. 学校有良好的国际声誉	1	2	3	4	5	6	7
52. 企业、政府部门等对学校的认可程度高	1	2	3	4	5	6	7

参考文献

[1] 教育部：《2005 年全国教育事业发展统计公报》，http：//www. moe. edu. cn/edoas/website18/info20464. htm. 2007 – 01 – 15。

[2] 杨洋：《新一轮新建本科院校合格评估指标体系（试行）析议》，《高教探索》2014 年第 1 期。

[3] 洪彩真：《高等教育服务质量与学生满意度研究》，博士学位论文，厦门大学，2007 年。

[4] Valarie A. Zeithaml, Leonard L. Berry, & A. Parasuraman, Communication and Control Processes in the Delivery of Service Quality, *Journal of Marketing*, Number 52, 1988.

[5] Scott, H. Levine, Querying on Quality: Assessing the Assessment of Student Satisfaction, American University, 1997.

[6] 赵国杰、张彤、闫丽萍：《大学生高校教育感知质量测度的初步研究》，《中国地质大学学报》（社会科学版）2001 年第 4 期。

[7] 朱国锋、王齐：《我国高等教育顾客满意度指数体系的建构》，《大连海事大学学报》（社会科学版）2003 年第 2 期。

[8] 王宇中、时松和：《大学生生活满意度评定量表（CSLSS）的编制》，《中国行为医学科学》2003 年第 2 期。

[9] 魏华飞、方文敏：《高校顾客满意度内容体系研究》，《辽宁教育行政学院学报》2005 年第 22 期。

[10] 陈洪涛：《大学生满意度指数在大学评估中的应用探索》，《经济与社会发展》2005 年第 8 期。

[11] 韩玉志：《学生满意度调查在美国大学管理中的作用》，《教育发展研究》2006 年第 3 期。

[12] 林飞宇、李晓轩：《中美高校学生满意度测量方法的比较研究》，《华中师范大学学报》（人文社会科学版）2006 年第 5 期。

［13］林卉：《我国高校学生满意度指数测评研究》，《科技创业月刊》2007 年第 1 期。

［14］鲍威：《学生眼中的高等院校教学质量——高校学生教学评估的分析》，《现代大学教育》2007 年第 4 期。

［15］王平、钱贵江：《高等学校学生工作学生满意度研究》，《苏州大学学报》（社会科学版）2004 年第 2 期。

［16］傅真放：《高等学校大学生满意度实证分析研究》，《高教论坛》2004 年第 5 期。

［17］嵇小怡、黄小萍：《高校教育服务质量满意度测评研究》，《高教发展与评估》2005 年第 7 期。

［18］尤海燕、俞丽敏：《不同批次大学生满意度调查分析》，《宁波工程学院学报》2005 年第 4 期。

［19］单天明：《七年制和五年制学生对医学教育环境满意度的比较研究》，《西北医学教育》2005 年第 6 期。

［20］杨雪、刘武：《中国高等教育顾客满意度指数模型及其应用》，《辽宁教育研究》2006 年第 10 期。

［21］赵伶俐、潘莉：《高校学生对教学、任课教师和课程满意度的调查》，《重庆大学学报》（社会科学版）2001 年第 3 期。

［22］刘俊学、李正辉、赵雄辉：《大学生求学满意度影响因素及其程度的实证研究》，《高等教育研究》2006 年第 11 期。

［23］胡子祥：《高等教育服务质量控制链研究》，《理工高教研究》2004 年第 1 期。

［24］林丹：《为学生服务：高等教育质量评估的终极目的》，《现代教育科学》2004 年第 1 期。

［25］格鲁诺斯著：《服务市场营销管理》，吴晓云译，复旦大学出版社 1988 年版。

［26］Shank M. D. , Walker, M. , Hayes T, Understanding Professional Service Expectation : Do we know what our students expect in a quality education, *Journal of Professional Services Marketing*, Volume 13 Number 1, 1995.

［27］Mohammad S. Owlia, Elaine M. Aspinwall, A framework for the dimensions of quality in higher education, *Quality Assurance in Education*,

Volume 4 Number 2，1976.

[28] Paula Y. K. Kwan，Application of total quality management in education：retrospect and prospect，*International Journal of Educational Management*，Number 10，1996.

[29] Soekisno Hadikoemoro，A Comparison of Public and Private University Students Expectations and Perceptions of Service Quality in Jakarta，Nova Southeastern University，2001.

[30] Gary Don Schwantz，B. S. H. E. ，M. ED，Service Quality in Higher Education：Expectations and Perceptions of Traditional and Non – Traditional Student，Texas Tech University，1996.

[31] Carrie Leugenia Ham，Service Quality，Customer Satisfaction，and Customer Behavioral Intentions in Higher Education，Nova Southeastern University，2003.

[32] 刘慧、路正南：《基于 PLS 路径建模技术的中国高等教育学生满意度测评研究》，《教育管理》2012 年第 2 期。

[33] Oliver Richard L，A Cognitive Model of the Antecedents and Consequences of Satisfaction Decision，*Journal of Marketing Research*，Volume 17 Number 4，1980.

[34] Churchill G. A，Surprennant C，All Investigation into the Determinants of Customer Satisfaction，*Journal of Marketing Research*，Volume 12，1982.

[35] 姚利民、肖贻杰：《高校应提高教育服务质量》，《当代教育论坛》2003 年第 7 期。

[36] 戴梅红：《在高等教育领域树立"顾客满意"质量意识的思考》，《高等农业教育》2004 年第 10 期。

[37] 马万民、张美文：《高等教育服务过程的顾客满意度模型》，《统计与决策》2006 年第 9 期。

[38] 胡子祥、雷斌：《大学生参与对高等教育服务质量影响的实证研究》，《现代大学教育》2008 年第 3 期。

[39] 张爽、李辉：《高等教育服务质量评价的模糊技术方法研究》，《管理评论》2008 年第 4 期。

[40] 李德全：《为大学生提供一流的教育服务——试论以"顾客"为关

注焦点的高校满意测评机制》,《当代青年研究》2005 年第 8 期。

[41] 王国强、沙嘉祥:《高校学生满意测量应用研讨》,《质量学术专刊》2002 年第 12 期。

[42] 陈萍:《教育服务对象满意度调查指标体系设计与实证分析》,《温州职业技术学院学报》2006 年第 3 期。

[43] 常亚平、侯晓丽、刘艳阳:《中国大学生求学满意度测评体系和评价模型研究》,《高等教育研究》2007 年第 28 卷第 9 期。

[44] 陆伟华、陈洪涛、张社强:《广西思想政治理论课教师工作满意度差异性研究——思想政治理论课教师工作满意度研究之三》,《高教论坛》2007 年第 2 期。

[45] 田喜洲、王晓漫:《在校大学生满意度调查与分析》,《高教探索》2007 年第 5 期。

[46] 徐晓辉、赵国强、刘敏:《大学生满意度测评量表构建》,《高教发展与评估》2010 年第 26 卷第 6 期。

[47] 张蓓、文晓巍:《研究型大学研究生教育满意度模型实证分析——基于华南地区 6 所研究型大学的调查》,《中国高教研究》2014 年第 2 期。

[48] 蔺炜莹:《高校学生服务感知质量研究》,博士学位论文,天津大学,2005 年。

[49] 胡子祥:《高等教育顾客感知服务质量的实证研究》,博士学位论文,西南交通大学,2007 年。

[50] 栾旭:《黑龙江省研究生教育满意度调查研究》,硕士学位论文,哈尔滨工程大学,2010 年。

[51] 刘俊学:《高等教育服务质量论》,湖南大学出版社 2002 年版。

[52] 杨雪、刘武:《中国高等教育顾客满意度指数模型的构建》,《公共管理学报》2007 年第 4 期。

[53] 赵耀华、韩之俊:《基于结构方程的高校顾客满意度模型》,《系统工程》2007 年第 25 卷第 11 期。

[54] 杨振东:《高校学生满意度测评方法与改进策略研究》,硕士学位论文,河北工业大学,2008 年。

[55] 李飞:《基于结构方程模型(SEM)的高校教育服务满意度研究》,硕士学位论文,天津大学,2009 年。

[56] 张运：《高职教育服务学生满意度实证研究》，《企业文化》2014 年第 10 期。

[57] 刘保相、周丽晖：《基于因子分析的 Probit 模型的高校教育服务学生满意度模型的设计》，《浙江交通职业技术学院学报》2010 年第 11 卷第 4 期。

[58] 郁建兴：《中国的社会服务体系：发展历程、社会政策与体制机制》，《学术月刊》2011 年第 43 卷第 3 期。

[59] 何鹏程：《教育公共服务体系构建研究》，博士学位论文，华东师范大学，2012 年。

[60] John E. Chubb、Terry M. Moe 著：《政治、市场与学校》，蒋衡译，教育科学出版社 2003 年版。

[61] Ray Marshall、Mark Tucker：《教育与国家财富：思考生存》，教育科学出版社 2003 年版。

[62] Micheal Apple 著：《教育的正确之路》，黄忠敏等译，华东师范大学出版社 2008 年版。

[63] Oliver Richard, Cognitive, Affective and Attribute Bases of the Satisfaction Response, *Journal of Consumer Satisfaction*, Volume 2, 1993.

[64] 赵平主编：《中国顾客满意度指数指南》，中国标准出版社 2003 年版。

[65] 张新安：《构建我国顾客满意度指数的系统研究》，博士学位论文，上海交通大学，2004 年。

[66] 郭桂英：《对高等教育评估的经济学分析》，《教育发展研究》2006 年第 23 期。

[67] 马万民：《高等教育服务质量管理的理论与应用研究》，博士学位论文，南京理工大学，2004 年。

[68] 陈玉琨：《超前发展的重点应是高等教育》，《中国教育报》2001 年第 3 卷第 2 期。

[69] 赵婷婷：《从精英到大众高等教育质量观的转变》，《江苏高教》2002 年第 1 期。

[70] 熊志翔：《高等教育质量保障体系研究》，湖南人民出版社 2002 年版。

[71] 纳伊曼：《世界高等教育的探讨》，教育科学出版社 1982 年版。

［72］ C. Gronroos, A Service Quality Model and Its Marketing Implications, *European Journal of Marketing*, Vol. 18, No. 4, 36 – 44, 1982.

［73］ A. Parasuraman, V. A. Zeithamal, and L. L. Berry, SERVQUAL: A Multiple – Item Scale for Measuring Consumer Perceptions of Service Quality, *Journal of Retailing*, Vol. 64, No. 1, 12 – 40, 1988.

［74］ 黄中华:《湖北地区民办高校大学生满意度调查研究》,硕士学位论文,华中农业大学, 2009 年。

［75］ P. F. Cuthbert, Managing service quality in HE: is SERVQUAL the answer?, *Managing Service Quality: An International Journal*, Volume 6 Number 2, 1996.

［76］ C. Fornell, M. D. Johnson, E. W. Anderson, J. Cha, and B. E. Bryant, The American Customer Satisfaction Index: Nature, Purpose, and Findings, *Journal of Marketing*, 1996.

［77］ M. D. Johnson, A. Gustafsson, T. W. Andreassen, The evolution and future of national customer satisfaction index models, *Journal of Economic Psychology*, Volume 22 Number 2, 2001.

［78］ 霍映宝:《顾客满意度测评理论与应用研究》,东南大学出版社 2010 年版。

［79］ C. Fornell, M. D. Johnson, The American Customer Satisfaction Index: Nature, Purpose, and Findings, *Journal of Marketing*, Vol. 60, No. 4, 7 – 18, 1996.

［80］ 蔺炜莹:《高校学生服务感知研究》,博士学位论文,天津大学, 2005 年。

［81］ 金勇进、梁燕、张宗芳:《满意度评估系统应用研究》,中国统计出版社 2006 年版。

［82］ 杨清:《高校学生教育消费满意度实证研究——以湖北省某高校为例》,硕士学位论文,华中农业大学, 2008 年。

［83］ 曾青霞:《大学生满意度测评体系研究》,硕士学位论文,华中农业大学, 2009 年。

［84］ 何晓群:《多元统计分析》,中国人民大学出版社 2015 年版。

［85］ 陈海燕:《硕士研究生对高校服务质量的满意度调查——以 X 大学为例》,硕士学位论文,厦门大学, 2011 年。

[86] 金再温、[美] 米勒著：《因子分析：统计方法与应用问题》，叶华译，格致出版社 2012 年版。

[87] 杨兰芳、陈万明、吴庆宪：《高等教育服务质量学生满意度现状及影响因子研究——基于江苏省八所高校本科生的调查分析》，《价值工程》2011 年第 34 期。

[88] 叶绿波：《基于因子分析的高校教育服务质量测量模型研究》，《中国科技纵横》2011 年第 23 期。

[89] 常亚萍、姚慧萍、刘艳阳：《独立学院与国立大学学生满意度影响因子的差异研究》，《高教探索》2008 年第 1 期。

[90] [英] 布鲁雅著：《Logit 与 Probit：次序模型和多类别模型》，张卓妮译，格致出版社 2012 年版。

[91] 吴津：《基于 Logit 模型的城市家庭住房消费选择研究——以杭州为例》，硕士学位论文，浙江大学，2009 年。

[92] 格林著：《计量经济分析》（第六版），张成思译，中国人民大学出版社 2010 年。

[93] 何晓群：《多元统计分析》，中国人民大学出版社 2008 年版。

[94] 何晓群、刘文卿：《应用回归分析》，中国人民大学出版社 2007 年版。

[95] 易丹辉：《结构方程模型：方法与应用》，中国人民大学出版社 2008 年版。

[96] 石军霞：《高校学生满意度调查研究》，硕士学位论文，苏州大学，2008 年。

[97] 朱红、张克军、齐正欣：《社会科学评价方法的实践与应用》，天津大学出版社 2009 年版。

[98] 王禄超：《模糊综合评判法在评标中的应用研究》，《建筑技术开发》2005 年第 2 期。

[99] 廖浩然、田汉族：《高等教育服务质量模糊综合评价法初探》，《河北师范大学学报》（教育科学版）2008 年第 10 卷第 5 期。

[100] 史聆聆、鞠美庭、李智、陈敏：《模糊数学法在区域环境影响评价中的应用研究》，中国科技论文在线，2005 年。

[101] 岑咏霆：《模糊质量管理学》，贵州科技出版社 1995 年版。

[102] 刘恩允：《高等学校教学质量评价体系构建的思考》，《黑龙江高教

研究》2004 年第 3 期。

[103] 林森、白世国：《高师院校学生评价教师教学质量指标体系的研究》，《现代教育科学》2004 年第 3 期。

[104] ［加拿大］海金著：《神经网络与机器学习》，机械工业出版社 2011 年版。

[105] 傅莉：《人工智能在教育中的应用研究》，《计算机与数字工程》2012 年第 12 期。

[106] 刘春玲、张焕生、郝国芬：《BP 神经网络在教学评价中的应用》，《煤炭技术》2012 年第 31 卷第 5 期。

[107] 李杨、余嘉元、王元元：《员工满意度评价方法研究——基于 BP 神经网络》，《技术经济与管理研究》2012 年第 2 期。

[108] 孙晓玲、王宁、梁艳：《应用 BP 神经网络的教学评价模型及仿真》，《计算机仿真》2010 年第 27 卷第 11 期。

[109] 王灯山、张广涛、刘金芳、付瑶：《基于 BP 神经网络的高等教育服务满意度评价研究》，《教育教学论坛》2014 年第 44 期。

[110] 刘思峰、谢乃明：《灰色系统理论及其应用》，科学出版社 2013 年版。

[111] 涂玮、任黎秀、吴兰桂、谢雯：《基于灰色系统的成熟旅游地游客满意度研究——以南京中山陵园风景名胜区为例》，《山东师范大学学报》（自然科学版）2006 年第 9 期。

[112] 陈金华、秦耀辰：《基于游客满意度分析的地质公园可持续发展研究——以福建省泰宁世界地质公园为例》，《河南大学学报》（社会科学版）2008 年第 11 期。

[113] 王万军、胡建军：《素质教育综合评判的一种新方法》，《甘肃教育学院学报》（自然科学版）2001 年第 7 期。

[114] 王金凤、高晓宁、冯立杰：《高校教育服务质量满意度评价模型研究》，《高等理科教育》2013 年第 4 期。

[115] 金勇进、梁燕：《偏最小二乘（Partial Least Square）方法的拟合指标及其在满意度研究中的应用》，《数理统计与管理》2005 年第 2 期。

[116] 张海瑜：《SPSS 软件在管理决策方面的应用扩展——以某大学的教学管理为实例》，硕士学位论文，北京化工大学，2011 年。

［117］武海东：《结构方程模型在图书馆读者满意度研究中的应用》，《农业图书情报学刊》2009 年第 8 期。

［118］吴国英、陈士俊：《学分制下影响学生满意度的因素分析》，《社会科学家》2010 年第 3 期。

［119］孙倩：《基于 BP 神经网络的城市道路交通满意度评价体系与方法研究》，硕士学位论文，武汉科技大学，2012 年。

［120］王灯山、王妍、闫黎丽：《An Investigation on the Reform of Heterogeneous Education——How Family Backgrounds Influence Student Satisfaction with University Service》，International Conference on Education Technology and Management Science，858 – 861，2013。

［121］王灯山、张杜鹃、张建：《学生家庭背景对北京高校服务满意度的影响》，《教育教学论坛》2014 年第 1 期。

［122］王灯山、李倩楠：《高等教育服务满意度测评模型及影响因素的实证分析》，《鲁东大学学报》（自然科学版）2014 年第 30 卷第 4 期。

［123］李翠凤：《灰色系统建模理论及应用》，硕士学位论文，浙江工商大学，2006 年。

［124］潘红华、胡家升、张圣云、汪德虎：《基于灰系统模型的预测函数控制方法研究》，《控制与决策》2004 年第 1 期。

［125］徐进华：《基于灰色系统理论的数据挖掘及其模型研究》，硕士学位论文，北京交通大学，2009 年。

［126］王欣欣：《我国高等教育服务质量统计评价——基于学生满意度研究》，硕士学位论文，天津财经大学，2009 年。

［127］胡坤秀：《高等教育服务质量与学生满意度相关性研究》，硕士学位论文，华中农业大学，2009 年。

［128］王灯山、崔琨、杜照祺：《基于物元模型的高校教育服务质量满意度评价——以北京为例》，《鲁东大学学报》（自然科学版）2015 年第 2 期。

［129］王灯山、张广涛、何聿爵：《基于 Probit 模型的高等教育服务学生满意度研究》，《华中师范大学学报》（已接受，待发表）2015 年。